원시인도 아는 경제 이야기 2

교과서가 쉬워지는 교과서 4  원시인도 아는 경제 이야기 2 - 자본주의 경제

1판 1쇄 인쇄 2011년 11월 30일
1판 5쇄 발행 2013년  9월 10일

글쓴이 홍승희 | 그린이 권희주 | 펴낸이 박혜숙 | 펴낸곳 미래M&B
편집책임 이지안 | 편집 글씸, 신혜연 | 디자인책임 박세정 | 디자인 한아름
영업관리 이도영, 장동환, 김대성, 김하연, 김민지 | 제작 남상원
등록 1993년 1월 8일(제10-772호) | 주소 서울시 마포구 서교동 368-22 서문빌딩 4층
전화 (02) 562-1800(대표) | 팩스 (02) 562-1885(대표)
전자우편 mirae@miraemnb.com | 홈페이지 www.miraei.com
트위터 @miraeibooks | 네이버 카페 cafe.naver.com/miraeibooks

ISBN 978-89-8394-682-9(74320) | ISBN 978-89-8394-656-0 (세트)

값 10,800원

* 잘못 만들어진 책은 바꾸어 드립니다.

아이의 미래를 여는 힘, 미래 $i$ 아이는 미래M&B가 만든 유아·아동 도서 브랜드입니다.

교과서가 쉬워지는 교과서 ④

# 원시인도 아는
# 경제 이야기 2

생산과 소비, 그리고 시장
**자본주의 경제**

홍승희 글 | 권희주 그림

미래 i 아이

여는 글

## 우리가 사는 세상은
## 어떻게 돌아가는 것일까요?

아주 옛날 사람들은 의식주를 해결하기 위해서 스스로 농사를 짓고, 사냥을 하고, 옷을 만들고, 집을 지었습니다. 하지만 요즘 사람들은 그렇게 할 수가 없습니다. 살고 있는 집은 고사하고 옷이나 물건들을 스스로 만들어서 사용하는 사람은 거의 없습니다. 누군가는 물건을 만들어 내고, 그 물건이 필요한 사람은 돈을 주고 사는 것이 우리가 살아가는 방식이지요. 이렇게 물건을 만들어 내는 행동을 '생산 활동'이라고 하고, 돈을 주고 물건을 사는 행동을 '소비 활동'이라고 합니다. 그리고 생산 활동과 소비 활동을 합쳐서 우리는 '경제 활동'이라고 부릅니다.

사람들이 살아가는 데 경제 활동은 아주 중요합니다. 여러분들이 닌텐도 게임을 할 수 있는 것도 게임기와 프로그램을 만들어 내는 '생산자'가 있기 때문입니다. 하지만 '생산자'도 자신이 만들어

낸 닌텐도 게임기와 프로그램을 돈을 지불하고 사 줄 '소비자'가 없다면 이러한 물건들을 만들지 못할 것입니다. 이러한 생산 활동과 소비 활동은 시대에 따라 다른 모습을 지니고 있었고, 현재에도 나라들마다 약간씩 다릅니다. 이 책은 그 중에서도 현재 대부분의 나라들이 선택하고 있는 '자본주의' 경제 활동에 관한 내용입니다.

자본주의 경제는 초등학생인 여러분이 이해하기에는 아주 복잡하고 어려운 내용이 많습니다. 그래서 이 책에서는 가장 기본적인 내용만을 다루고 있습니다. '개인이 가진 물건이나 지식에 대해서 다른 사람이 함부로 할 수 없다.'는 것이 무슨 의미인지, '물건의 가격은 어떻게 정해지고, 왜 각각 다른지', '현재 사람들은 어떤 방식으로 물건을 생산하는지', '경제 활동에서 기업과 정부는 각각 어떤 역할을 하는지' 등을 알아볼 것입니다.

사실 자본주의 경제는 많은 문제점을 안고 있습니다. 문제점을 정확히 알아야만 그것을 고쳐 나갈 수 있고, 올바른 선택과 행동을 할 수 있습니다.

아무쪼록 이 책을 통해 우리가 살아가는 세상에 대해서 좀 더 이해하고, 흥미를 가질 수 있게 되기를 바랍니다.

차례

# 1장 소유

### 자연의 주인 • 12
- 사람들은 왜 바다를 메우고 숲을 없앨까?
- 자연이 파괴되어도 경제적 이익이 중요할까?

### 인간의 생명과 기업의 이익 • 22
- 지식에도 소유권을 인정하는 이유는 무엇일까?
- 지적 재산권이 인간의 생명보다 중요할까?
- 바이오 해적 행위
- 기술은 개인이 만들어 내는 것일까?

주식회사의 주인 • 34
- 주식회사란 무엇일까?
- 대기업의 가족 경영은 올바른가?

 부자와 기부 • 44
- 부자들은 어떻게 많은 돈을 벌 수 있었을까?
- 왜 빌 게이츠나 워런 버핏은 애써 모은 재산을 사회에 기부할까?

# 2장 상품화

 팔 수 없는 것과 살 수 없는 것 • 56
- 영혼을 판다고?
- 영혼을 파는 사람들은 어떤 사람들일까?

 장기 매매 시장 • 66
- 인간의 생명을 상품으로 판다고?
- 생명까지 상품이 되는 현대 자본주의 사회

## 3장 노동

 장인과 공장 노동자 • 78
- 노동자들은 왜 기계처럼 일하게 되었을까?
- 컨베이어에서 일하는 노동자들은 어떤 생각을 할까?

 의사와 공장 노동자의 임금 차이 • 84
- 직업에 따라 월급의 차이가 생기는 이유는 무엇일까?
- 월급의 차이가 너무 많이 나면 어떤 문제가 생길까?

 자원봉사의 가치 • 90
- 자원봉사는 왜 훌륭한 사람들이나 하는 일이라고 생각할까?
- 자원봉사는 사회에 어떤 이익을 가져올까?

## 4장 생산 방식의 변화

 하루아침에 일자리를 잃은 노동자들 • 100
- 노동절은 어떻게 생겨났을까?
- 노동조합은 어떤 일을 하는 걸까?

대량 생산과 맞춤형 생산 • 108
- 어떻게 만들어야 물건이 잘 팔릴까?
- 대량 생산 방식에서 맞춤형 생산 방식으로!
- 왜 옛날에는 도요타와 같은 생각을 하지 못했을까?
- 상품에 붙어 있는 바코드는 무엇일까?
- 정보화 사회에서 소비 행동은 생산 활동에 어떤 영향을 미칠까?

## 5장 시장

 수요와 공급의 법칙 • 124
- 시장에서 물건의 가격은 어떻게 정해질까?

 계속해서 오르는 아이스크림 값의 비밀 • 132
- 어떤 물건들은 왜 지나치게 가격이 높을까?

 공공재의 중요성 • 138
- 공장이 많아지면 어떤 문제가 생길까?
- 공공재란?

 물을 소유하다 • 146
- 공공재를 민간 기업이 맡게 되면 어떤 일이 생길까?
- 정부가 만든 회사는 왜 이익을 적게 낼까?

# 1장

## 소유

이 장에서는 경제 활동의 가장 중요한 규칙인 '소유'에 대해서 알아볼 거예요.

소유란, '어떠한 물건이 나의 것이고 다른 사람이 내 것을 마음대로 사용하거나 빼앗아 가지 못한다'는 뜻이에요. 여기서 '내 것인 물건'을 '소유물'이라고 하고, '내 것인 물건'에 대해 다른 사람이 멋대로 사용하거나 빼앗아 가지 못하게 '나에게 주어진 권리'를 '소유권'이라고 하지요.

예를 들어, 백화점에서 닌텐도 게임기를 그냥 가져오는 것이 잘못된 행동이라는 것은 누구나 다 알고 있어요. 닌텐도 게임기가 내 소유물이 아니기 때문이지요. 그것의 값을 치르고 정식으로 사야만 게임기는 내 소유물이 되는 거예요. 마찬가지로 내가 가진 게임기를 힘센 친구가 빼앗는다거나 내 허락 없이 마구 사용하는 것도 잘못된 행동이에요. 그 물건이 내 소유물이기 때문이고, 그런 행동은 내 소유권을 무시하는 것이기 때문이랍니다. 그럼 본격적으로 '소유'에 대해서 알아볼까요?

# 자연의 주인

철수는 갯벌이 있는 바닷가 마을에 살고 있다.
남자들은 바다에 나가 고기를 잡고, 여자들은 갯벌에서 조개나 낙지 등을 잡아 살림을 꾸려 나갔다. 넉넉하지는 않

지만 한가롭게 나는 갈매기들과 사람들의 웃음소리가 그치지 않는 평화로운 곳이었다.

어느 날, 서울에서 높은 분들이 내려와 간척지 사업에 대해서 설명했다. 마을 사람들은 '넓은 농토가 만들어지고, 공장들이 들어서면 가난한 마을이 살기 좋아질 것'이라는 말에 모두들 간척지 사업에 찬성했다.

마침내 바다를 막는 긴 둑이 완성되었다. 그런데 둑 때문에 갯벌로 들어오던 바닷물이 완전히 막히면서 이상한 일이 벌어지기 시작했다.

물기가 사라진 갯벌은 질퍽거리지 않고 점점 단단해지더니, 마치 오랜 가뭄으로 바짝 마른 땅처럼 쩍쩍 갈라졌다.

갈라진 갯벌 여기저기에는 죽어 버린 조개와 게들의 모습이 눈에 띄었다. 갈매기들은 죽은 조개를 부리로 툭툭 건드려 보고는 다른 곳으로 날아가 다시 돌아오지 않았다.

얼마 뒤 갯벌이던 자리에는 공장이 하나둘씩 들어서기 시작했다.

마을 한가운데로 차들이 오가는 큰 도로가 났고, 공장에서 일하는 사람들이 살 집도 많이 지어졌다. 어른들은 예전보다 마을이 더 발전됐다면서 좋아했다.
 하지만 철수는 넓은 갯벌과 그곳에서 일하던 마을 사람들의 모습, 저녁 노을이 지는 갯벌에서 친구들과 뛰어놀던 옛날이 훨씬 좋았다는 생각이 들었다.
 지금보다 좋은 건물도 없고, 길도 좁고 차도 적었지만 예전의 마을 모습이 그리웠다.

## 사람들은 왜 바다를 메우고 숲을 없앨까?

　우리나라에는 세계적인 규모의 간척지가 있어요. 바로 새만금 간척지랍니다. 세계에서 가장 긴 33킬로미터의 방조제를 쌓아 갯벌을 땅으로 만들었지요. 그 면적도 서울시의 약 3분의 2 정도나 된다니 정말 어마어마하죠? 정부는 이곳에 대규모로 농사를 짓고, 큰 공장들을 많이 세우겠다는 계획을 짜고 있답니다. 이처럼 바다를 메워 갯벌을 없애고 그곳을 농지나 공업 지대로 만드는 것은 더 많은 이익을 얻기 위해서예요.
　산을 깎아 골프장을 만드는 것도 같은 이유지요. 현재 우리나라에는 골프장이 400개가 넘게 있어요. 이런 골프장을 만들려면 멀쩡한 산과 들을 깎아 없애고, 모두 잔디밭으로 바꾸어야 해요.

그런데 이익을 더 많이 얻는 것도 중요하지만 자연을 훼손하면서까지 간척지를 만들고,* 골프장을 건설해야 할까요? 자연을 훼손하고 마음대로 바꾼다는 것은 바로 '자연을 우리 마음대로 할 수 있는 대상'으로 생각하기 때문이에요. 즉, 자연을 인간이 함께 살아가야 할 대상이 아니라 인간의 욕심과 이익을 위해서 마음대로 할 수 있는 대상으로 생각한다는 것이랍니다.

우리가 살아가는 자본주의 경제에서 가장 중요하게 여기는 게 바로 '이익'이에요. 어떤 일을 할 때 이익이 되느냐 아니냐가 중요한 판단 기준이 되지요. 그래서 주변의 모든 것들을 이용해서 이익을 만들려고 하고, 이익이 되지 못하는 것은 쓸모없는 것으로 취급해요. 이러한 자본주의 경제에서는 자연도 이익을 만들기 위한 수단에 불과하답니다.

하지만 이러한 생각은 인간들에게 심각한 문제점을 낳게 했어요. 자연 없이는 살아가지 못하는 인간들에게 자연이 파괴된다는 것은 무엇보다도 큰일이니까요. 옛날에는 맑은

---

**간척지 개발**

바다나 호수 등을 둘러막고 물을 빼낸 다음 거기에 흙이나 모래 같은 것을 채워 넣어 육지로 만드는 일이다. 우리나라처럼 국토가 좁은 나라에서 보다 효율적으로 국토를 이용하기 위한 방법의 하나다. 새만금 간척지가 대표적인데, 해양 생태계 훼손과 수질 악화를 우려하는 반대 여론이 높아 한때 중단되기도 했으나, 현재 다시 진행 중이다.

시냇물을 그냥 마셔도 아무 탈이 없었지만 지금은 마시는 물을 가게에서 사거나, 정수기로 걸러서 마셔야 해요. 게다가 공기도 예전보다 많이 오염되어서 심할 때에는 마스크를 쓰고 다녀야 하고요. 인간 스스로가 자신들의 삶의 터전을 파괴하고 있는 셈이지요.

## 자연이 파괴되어도 경제적 이익이 중요할까?

물론, 자연환경을 파괴하더라도 경제적 이익을 얻는 것이 중요하다고 생각하는 사람들도 있을 거예요. '숲이 좀 없으면 어때? 사람들이 더 잘살게 된다면 좋은 거 아냐?'라는 생각을 할 수도 있으니까요.

하지만 이산화탄소를 산소로 바꿔 주는 나무들이 없어지면서* 지구의 산소는 계속 줄어들고 있어요. 생태계의 질서가 파괴되고 있는데, 인류의 생존이 위협받는 것보다 경제적 이익이 더 중요하다고 생각할 사람은 아무도 없겠지요. 그런데 문제는 이 같은 사실을 자꾸 잊어버린다는 거예요. 이익에 눈이 어두워 가장 중요한 것을 놓치는 것이지요. 자연이 파괴되면서 생겨나는 문제점은 천천히 다가

**개발로 인한 숲 파괴**

골프장 건설을 비롯한 아파트 건설, 다목적댐 건설 등 우리 인간의 편의를 위한 개발로 숲이 파괴되고 있다. 특히 '지구의 폐'로 불릴 정도로 울창한 숲을 자랑하던 아마존 밀림은 가축을 기르는 목장 개발과 도시화로 인한 난개발로 급속히 파괴되고 있다. 이로 인해 지구온난화가 가속화되고 있다.

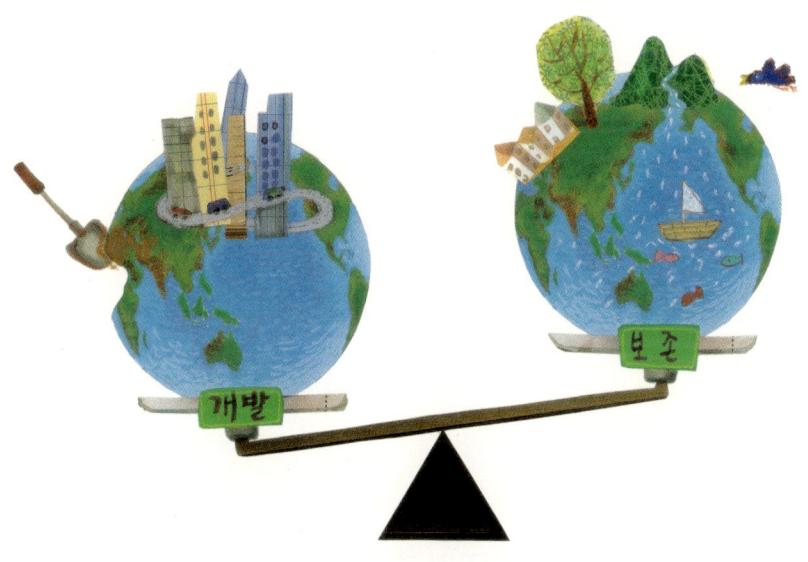

오지만, 경제적 이익은 바로 눈앞에 보이거든요.

그런데 우리 인간은 자연을 자신의 소유물인 양 이렇게 함부로 해도 될까요? 자연이 인간의 소유물이라고 할 수 있을까요?

옛날 사람들은 자연과 인간을 하나로 여겼어요. 우리나라의 단군신화에도 이런 생각이 잘 나타나 있어요. 환인의 아들인 환웅은 하늘에서 땅으로 내려와서 세상을 다스리게 되지요.

그러던 중, 호랑이와 곰이 환웅을 찾아와 인간이 되고 싶다고 말해요. 그러자 환웅은 100일 동안 동굴 속에서 쑥과 마늘만 먹으면서 지낸다면 인간이 될 수 있다고 일러 주지요. 곰은 그 시련을 견디고 인간이 되어 웅녀가 되었고, 환웅과 결혼해서 단군을 낳아요.

　곰이 사람으로 변한다는 것은 동물과 인간이 전혀 다른 존재가 아니라는 것을 뜻하지요. 또한 웅녀가 인간의 시초인 단군을 낳았다는 데서 인간의 어머니가 동물, 즉 자연이라는 것을 알 수 있어요. 이렇듯 우리 조상들은 인간과 자연은 서로 다른 존재가 아니라고 생각했으며, 인간을 자연의 일부로 받아들였답니다.

　동물과 식물, 모든 자연물을 인간과

마찬가지로 생각하고 살아 숨쉬는 생명체로 여겼지요.

만약 내가 살고 있는 집을 누군가 이유 없이 허물어 버린다면 어떨까요? 당연히 그 사람에게 화를 내겠지요. 마찬가지로 인간에게 파괴 당한 자연도 화를 낼 거예요. 자연의 주인은 인간이 아니니까요. 자연 속에서 살아가는 수많은 생명체들이 바로 자연의 주인이랍니다. 인간은 자연의 일부일 뿐이지요.

우리 인간은 오래전부터 자연을 개척하고 개발해 왔다. 이제는 자연과 더불어 살아갈 방법을 찾아야 할 때다.

# 인간의 생명과 기업의 이익

태국에 살고 있는 8살 난 소녀 너이는 '에이즈(AIDS)' 보균자이다.

얼마 전에 수술을 하느라 수혈을 받았는데 하필이면 에이즈에 걸린 사람의 피를 수혈 받은 것이다.

아빠인 타놈 씨는 너이가 약을 계속 먹으면 살 수 있다는 의사의 말을 듣고 희망을 가졌다.

하지만 약값이 1년에 1만 5,000달러(한국 돈으로 약 2,000만 원)나 된다는 것을 알고는 눈앞이 캄캄해졌다.

태국에서는 큰 회사에 다니는 타놈 씨 같은 사람들도 한 달에 고작 500달러 정도의 월급을 받고 있기 때문이다.

"약값이 왜 그렇게 비쌉니까? 다른 약들은 겨우 1달러 정도밖에 안 되는데요."

"에이즈 치료제는 선진국의 한 제약 회사가 독점하고 있어요. 다른 약들은 각자 나라에서 만들지만, 에이즈 치료제는 국제 특허 때문에 한 회사에서만 만드는 것을 써야 해요. 그래서 약값이 비싼 겁니다."

타놈 씨는 아파서 제대로 먹지 못하는 딸의 모습을 안타깝게 지켜볼 수밖에 없었다.

그러던 어느 날, 타놈 씨는 태국 정부가 저렴한 가격에 에이즈 치료제를 만들어서 국민들에게 제공하기로 했다는 소식을 들었다. 딸 너이가 이젠 살 수 있게 되었다는 생각에 타놈 씨는 희망에 부풀었다.

하지만 얼마 뒤 텔레비전에서 선진국의 제약 회사가 태국 정부의 요청을 거절했다는 소식이 전해졌다. 비싼 약값 때문에 약을 구하지 못한 사람들이 죽어 가는데도 선진국의 제약 회사는 회사의 이익만을 앞세우며 나 몰라라 했다.

＊ 보균자 : 병의 증상은 보이지 않으나 병원균을 몸 안에 지니고 있어 다른 사람에게 병원균을 옮길 가능성이 있는 사람

타놈 씨는 자신과 비슷한 처지에 놓인 사람들을 찾아 나섰다. 그리고 에이즈 치료제를 저렴한 가격으로 세계 모든 사람들에게 제공해 줄 것을 요청하는 단체를 통해 제약 회사의 주장이 얼마나 잘못된 것인지도 알게 되었다.
　"의약품은 사람의 목숨을 살리기 위한 것입니다. 그런데 제약 회사들은 돈이 있는 사람들만이 살 권리가 있다고 생각하지요. 약을 사 먹을 수 없는 가난한 자들은 죽을 수밖에요. 저희는 저희와 같은 생각을 지닌 사람들과 함께 이러한 제약 회사들의 횡포를 막는 활동을 하고 있습니다."

타놈 씨는 그때부터 자신의 딸을 위해 막강한 제약 회사들과의 싸움에 뛰어들었다. 주변 사람들은 물론 길 가는 사람들을 붙잡고 제약 회사의 지식 독점권에 대한 잘못된 점을 낱낱이 알리기 시작했다.

처음에는 별 관심을 보이지 않던 사람들도 타놈 씨의 이야기에 함께 마음 아파하고 분노를 터뜨렸다.

타놈 씨를 비롯한 많은 사람들의 노력으로 마침내 태국 정부는 선진국의 제약 회사에 맞서서 저렴한 가격의 에이즈 치료제를 만들어 내기로 결정했다.

너이에게 치료제를 먹인 뒤, 딸의 건강이 점점 좋아지자 타놈 씨는 비로소 웃음을 되찾았다.

여기 돈 있어요!
제발 우리에게
파세요!

## 지식에도 소유권을 인정하는 이유는 무엇일까?

자본주의 경제는 개인의 소유권을 매우 중요하게 여겨요. 개인이 정당한 노력을 통해 얻은 결과를 인정하는 것이지요. 그런데 소유권은 단지 내가 가진 물건에만 해당되는 게 아니에요. '지식'이나 '정보' 또한 소유권이 인정된답니다. 예를 들어 어떤 사람이 노력해서 훌륭한 발명품을 만들거나, 유익한 책을 쓰거나, 더 나은 기술을 개발했다면 그 사람은 그것에 대한 '특허권'을 얻게 돼요. 이러한 지식이나 정보에 대한 특허권을 '지적 재산권'이라고 하지요. 지적 재산권은 사람들에게 더 나은 지식과 정보를 만들어 내게 하는 동기를 마련해 준다는 점에서는 좋은 제도라고 할 수 있어요.

하지만 지적 재산권 때문에 인간의 생명이 위협당하는 일이 일어나기도 해요. 바로 질병 치료제에 대한 지적 재산권 문제랍니다. 지구상에는 인간에게 치명적인 질병이 많아요. 이러한 질병에 대한 치료제를 만드는 데는 많은 시간과 돈과 연구 인력이 필요하지요. 따라서 규모가 큰 제약 회사들이 치료제를 만드는 일에 뛰어들게 돼요. 문제는 치료제를 만든 제약 회사들이 특허권을 따내 터무니없이 높은 가격으로 판다는 거예요. 그래서 돈이 없는 사람들, 주로 아프리카나 동남아시아(태국, 베트남, 필리핀, 인도 등)같이 가난한 나라에 사는 사람들은 비싼 치료제를 사지 못해 죽어 갈 수밖에 없답니다.

### 지적 재산권이 인간의 생명보다 중요할까?

지적 재산권을 인정하는 이유는 '인간들에게 보다 유익한 기술과 지식, 정보를 많이 만들어 내기 위해서'예요. 다시 말해 '인간의 행복'을 위한 것이지요. 그런데 질병 치료제에 대한 지적 재산권 인정이 이익을 중시하는 자본주의 경제

논리에 빠지게 되면 행복은커녕 오히려 사람들의 목숨조차 돈으로 계산하게 만들어요. 돈이 없는 사람은 죽을 병에 걸려도 치료제를 살 수 없게 되니까요.

이러한 문제를 해결하기 위해서 세계적으로 '강제 실시권'이라는 제도가 생겨났어요. 돈이 없어서 약을 먹지 못하는 선진국의 가난한 사람들과 후진국 국민들을 위해서 정부가 저렴한 가격에 치료제를 공급할 수 있도록 하는 제도예요. 특허권을 가지고 있는 기업의 치료제는 너무 비싸기 때문에 이와 비슷한 값싼 복제 치료제를 만들어서 돈이 없는 사람들에게 제공하는 것이지요.

실제로 태국과 인도 정부는 값싼 복제 치료제를 만들어서 저렴한 가격에 국민들에게 나눠 준 적이 있어요.

아프리카의 여러 나라에서도 값싼 복제 치료제를 수입해서 국민들에게 나눠 주다가 특허권을 가진 기업들에게 법정 소송을 당하기도 했고요. 물론 인간의 생명을 놓고 지나치게 이익만을 좇는다는 국제적 비난 때문에 기업들이 소송을 거두어들였지만요. 어쨌든 아직까지도 다른 주요 질병에 대한 강제 실시권은 큰 힘을 발휘하지 못하고 있답니다.

전 세계에서 하루에 약 8,000명이 에이즈* 때문

---

**에이즈(AIDS)**

후천성 면역 결핍증이라는 병으로, 이 병을 앓는 사람은 모든 세균에 대한 저항력이 떨어져서 쉽게 병에 걸려 죽게 된다. 현재는 치료제가 개발되어 약을 계속해서 먹으면 정상적인 생활을 할 수 있다. 하지만 약값이 너무 비싸 후진국 사람들은 약을 살 수가 없다. 미국 길리어드 사이언스 사에서 만든 트루바다라는 치료제의 1년치 가격은 무려 570만 원~1,600만 원 정도다.

에 죽어 가고 있어요. 10초에 한 명꼴로 죽는 셈이지요. 전 세계의 감염자는 300만 명이 넘고, 그 가운데 95퍼센트가 아프리카와 동남아시아 등의 후진국에 몰려 있어요. 하지만 치료제는 선진국에서 독점하고 있어서 후진국의 국민들은 비싼 가격의 치료제를 사 먹지 못하는 형편이에요.

아무리 회사가 이익을 내는 것이 중요하다고 해도 세상에서 인간의 생명보다 더 소중한 것은 없을 텐데 말이지요.

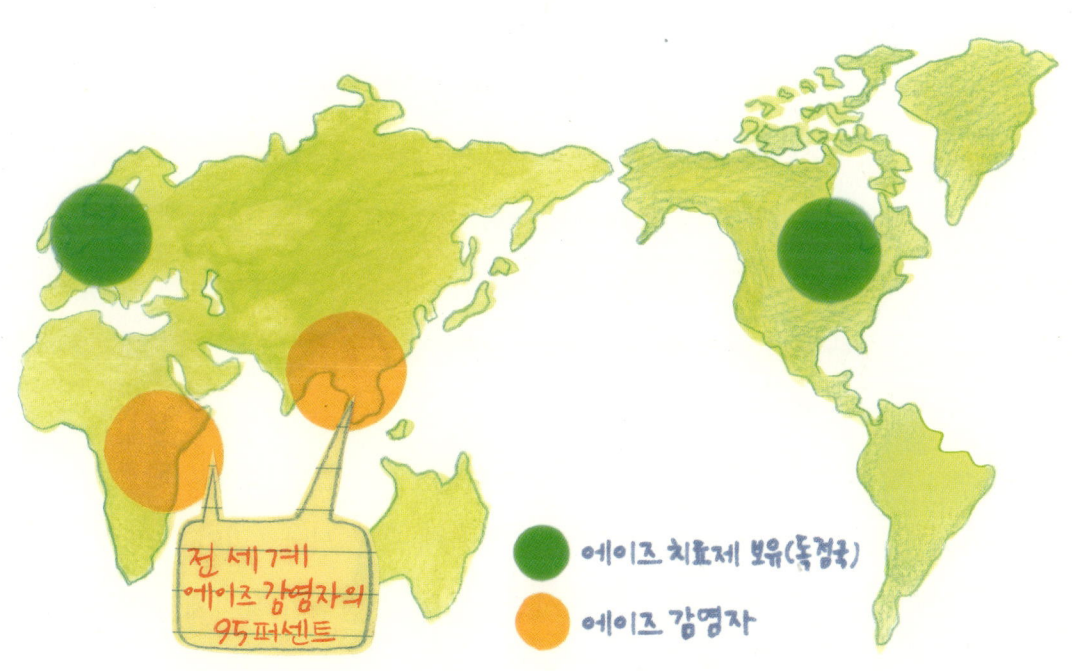

전 세계의 에이즈 감염자는 아프리카와 동남아시아 등 후진국에 몰려 있고, 치료제는 미국과 유럽 등 선진국에서 독점하고 있다.

## 바이오 해적 행위

최근 지적 재산권에 대한 또 다른 문제가 생겼어요. 오래전부터 인류가 사용해 왔던 동식물에 관한 지식에 대해 선진국이 특허권을 주장하고 나섰답니다. 그 대표적인 예가 '브라체인'이에요.

서아프리카 지역에는 단맛이 아주 강한 딸기가 있어요. 그곳에 사는 주민들은 오래전부터 딸기에서 단맛을 내는 물질을 뽑아내어 조미료로 써 왔지요. 이 물질은 단맛이 설탕보다 500배나 높고, 열을 가해도 단맛을 잃지 않아서 그 지역 사람들에게는 천연 조미료 역할을 해 주었답니다.

그런데 미국 위스콘신 대학의 연구진들이 이 물질에 눈독을 들이기 시작했어요. 그리고 이들은 바이오 공학을 이용해 마침내 '브라체인'이라는 특수한 단백질을 추출해 내는 데 성공하지요.

이 물질을 국제 특허로 인정받은 위스콘신 대학은 예전부터 천연적으로 브라체인을 생산해 오던 서아프리카 지역 주민들에게 압력을 넣기 시작했어요. 주민들이 딸기에서 천연 조미료를 뽑아내 상업적으로 판매하지 못하게 만들었지요. 결국 서아프리카 지역 주민들은 가장 중요한 생계 수단을 잃고 말았어요.

이처럼 자연 속에서 모두에게 공유되어 왔던 천연 물질을 국제 특허를 통해 빼앗는 행위를 '바이오 해적 행위'라고 해요. 흔히 다른 사람의 물건을 뺏는 행동을 '해적 행위'라고 하죠. 거기에 유전 공학 기술을 이용해서 예전부터 사람들이 지녀 온 지식이나 기술을 뺏는다고 해서 '바이오 해적 행위'라는 이름을 붙인 거랍니다. 과학 기술을 통해 먼저 유전자를 분석하고 특정한 이름을 만들었다는 이유만으로 그 지역에서 오랫동안 사용해 왔던 주민들의 노력을 무시하는 것이지요.

이러한 '바이오 해적 행위'는 주로 과학 기술이 뛰어난 선진국에서 후진국을 상대로 이루어져요. 생물 자원이 풍부한 후진국들에 비해 과학 기술이 발전된 선진국들은 대부분 생물 자원이 빈약하기 때문이에요. 선진국의 대기업은 '바이오 해적 행위'를 통해 지역 주민들이 오랫동안 축적해 놓은 전통적 기술을 무시하고, 이익을 챙기는 것이지요.

### 기술은 개인이 만들어 내는 것일까?

누군가에게 새로운 기술에 대한 특허권을 인정한다는 것은 어떤 의미일까요? 특허권이란, 새로운 기술이 기술 개발자의 노력만으로 만들어졌다는 것을 인정하는 권리예요. 그래서 특허권이 인정되면, 다른 사람들은 특허권을 가진 사람의 허락 없이는 그 기술을 함부로 쓰지 못하게 돼요.

하지만 대부분의 경우 새로운 기술들은 예전부터 이어져왔던 기술을 바탕으로 하게 마련이에요. 세계 최고의 독점 기업인 마이크로소프트 사*의 컴퓨터 프로그램도 몇몇 기술자들에 의해 만들어진 것은 사실이지만, 그 이전에 인터넷을 발전시키기 위

> **마이크로소프트 사**
> 1975년에 빌 게이츠가 폴 앨런과 함께 설립한 회사로, 컴퓨터 기기용 소프트웨어와 하드웨어를 개발, 판매하고 있다.
> 1981년에 개인용 컴퓨터 운영체제인 엠에스 도스(MS-DOS)를 개발하였고, 지금 우리가 사용하는 윈도 프로그램을 개발하여 시장에서 절대적인 강자가 되었다.

해 애쓴 수많은 사람들의 노력 없이는 불가능했을 거예요.

인간 사회가 동물 사회와 다른 점은 바로 지식이라는 것이 쌓여 후손들에게 전달된다는 점이에요. 우리가 누리고 있는 모든 지식과 기술은 예전 사람들이 만들어 놓은 것이고, 그들도 자신의 선조들에게서 이어받은 것이니까요. 아무것도 없는 상태에서 무언가를 만들어 낼 수 있는 사람은 없어요. 에디슨 같은 위대한 발명가도 과연 그가 태어나기 이전에 이룩해 놓은 기술이 없었다면 전구나 축음기와 같은 발명품을 만들어 낼 수 있었을까요?

새로운 기술을 개발한 사람에게는 마땅히 '노력에 대한 대가'가 주어져야 해요. 하지만 '모든 기술은 예전부터 전해 내려온 것'에 바탕을 둔다는 점과 '특허권을 이용해서 다른 사람들의 행동까지도 막는 것'은 잘못이라는 점은 짚고 넘어가야겠지요.

# 주식회사의 주인

조그만 채소 가게를 하는 스미스 씨는 장사가 안돼 걱정이 이만저만이 아니었다. 옆 동네에 대형 마트가 들어서면서 사람들이 물건 값이 싼 대형 마트로 몰려가기 때문이었다.

어느 날, 한동네에서 과일 가게를 하는 톰이 스미스 씨를 찾아왔다. 톰은 동네에서 조그만 가게를 하는 사람들끼리 힘을 합쳐서 큰 가게를 만들기로 했다고 말했다. 가게들이 힘을 모아서 대형 가게를 만들면 파는 물건도 다양해질 것이고, 물건도 한꺼번에 많이 사기 때문에 훨씬 싼 값에 들여올 수 있다는 것이었다. 스미스 씨는 참 기발한 생각이라고 여겼다.

다음 날 저녁, 상인들이 모두 마을 회관에 모였다.

"우리 모두가 힘을 합치는 것은 좋은 방법이라고 생각합니다. 그런데 어떻게 힘을 합치자는 건가요? 이익은 어떻게 나누며, 가게의 책임자는 누구로 하나요?"

누군가 이렇게 묻자
"맞아, 그건 어떻게 하지?"
하며 여기저기서 웅성거렸다.
"좋은 질문입니다. 우선 각자가 투자할 수 있는 돈을 모은 다음에 일정한 단위로 주식이라는 것을 발행할 계획입니다. 예를 들어 모인 돈이 1,000만 원이라면 1주에 1만 원 정도로 가격을 매겨서 주식을 발행할 겁니다. 그럼 모두 1,000주가 되겠지요. 만일 자기가 10만 원을 투자해서 10주의 주식을 가지고 있다면, 그 사람은 이익금에서 1,000분의 10을 받게 되겠죠."

그 자리에 모인 사람들은 훌륭한 방법이라며 모두 고개를 끄덕였다. 이어서 마을 상인들은 대표를 뽑기로 했다. 그런데 서로 의견이 달라 결정을 못 내리자, 나이가 가장 많은 어른이 이렇게 말했다.

"일단 우리 동네에서 가장 큰 가게를 하고, 장사 경험도 많은 톰을 대표로 합시다. 그리고 한 달에 한 번씩 주식을 가진 사람들이 모여서 가게 운영에 대해서 토론을 하면 어떨까요? 그러면 톰이 가게를 자기 마음대로 하는 일은 없을 겁니다."

마을 상인들은 모두 그 의견에 찬성했다.

얼마 뒤, 마을 상인들이 주주가 된 대형 가게가 만들어졌고, 사람들은 더 이상 옆 동네 대형 마트로 가지 않게 되었다.

장사가 잘되자 주주들은 해마다 자기들 몫의 이익금을 받았으며, 더 이상 주주가 되기 싫은 사람들은 다른 사람에게 주식을 팔기도 했다.

그런데 몇 년이 지나자 문제가 생겼다. 톰이 건강이 좋지 않아서 대표 자리를 그만두겠다고 한 것이다. 톰은 자신을 도와서 계속 일을 해 온 자기 아들에게 가게의 대표를 물려주겠다고 발표했다.

그러자 사람들은 '톰의 아들이 대표를 이어받는 것이 당연하다'는 쪽과 '능력이 확인되지 않은 톰의 아들보다는 능력이 뛰어난 다른 사람을 대표로 뽑는 것이 옳다'는 쪽으로 의견이 엇갈렸다.

사람들이 서로 자기 주장만을 고집하며 팽팽히 맞서자, 스미스 씨는 무엇이 옳은지 쉽게 판단이 서지 않았다.

### 주식회사란 무엇일까?

자본주의 경제에서 대부분의 기업들은 '주식회사'로 이루어져 있어요. 주식회사는 한 개인의 것이 아니고 수많은 사람들이 주인인 회사랍니다.

회사가 사업을 하려면 많은 돈이 필요해요. 작은 돈이라면 은행에서 빌릴 수도 있겠지만, 큰돈이 필요할 때는 다른 방법을 써야 해요. 보통 이런 경우 회사에서는 많은 사람들에게 주식을 판답니다. 주식은 회사의 자본을 구성하는 단위로, 한 주당 일정한 가격이 매겨져 있어요. 이렇게 주식을 판 돈으로 회사를 움직이게 되지요.

그리고 이런 주식을 산 사람은 회사의 주주가 돼요. 주주는 회사가 얻는 이익에서 자기 몫만큼을 받아요. 만약 회사가 운영이 잘되어 주식의 가격이 오르면 주식을 다른 사람에게 더 높은 가격을 받고 팔 수도 있어요. 그리고 주주들이 모두 모이는 주주 총회에서 자신의 의견을 말할 수 있는 자격도 갖고 있지요.

주식회사의 주인은 우리가 흔히 생각하는 사장이 아니라 바로 주주들이랍니다. 단 1장의 주식을 가지고 있더라도 주식을 가진 사람은 회사의 주인이거든요. 회사의 대표는 대부분 좀 더 많은 주식을 가지고 있는 사람이 맡지요. 물론 전문 경영인이 회사의 대표가 되는 경우도 있지만 우리나라에서는 그런 일이 드물어요.

그런데 조금 더 많은 주식을 가진 사람이 대표가 되면서 문제가 생겨요. 남들보다 조금 더 많은 주식을 가진 대표가 마치 회사가 자기 것인 양 행동하기 때문이지요. 우리나라에서는 회사 대표가 회사를 자기 아들이나 딸들에게 물려주는 경우가 많아요. 마치 자기 돈으로 만든 회사로 착각하는 것이지요.

쉬운 예로 새 학년이 되면 학급에서 학급 회장을 뽑아요. 공부를 잘하는 학생, 아이들에게 인기가 많은 학생, 청소를 열심히 하는 학생 등 여러 명이 학급 회장 후보로 나오지요. 여러분은 '누가 우리 학급을 위해서 가장 열심히 일하고, 학급을 잘 운영해 나갈까?'라는 점을 생각하면서 투표를 할 거예요. 그런데 만일 반 아이 가운데 교장 선생님의 자녀가 있어서 그 학생이 투표 없이 학급 회장으로 뽑혔다면 어떨까요? 모두들 잘못되었다는 생각을 하겠지요.

그 이유는 공정한 경쟁을 하지 않았기 때문이에요. 물론, 교장 선생님의 자녀가 능력이 뛰어나 학급을 잘 운영할 수도 있어요. 그렇다 하더라도 그 학생은 학급 회장 선거에 후보로 나서서 경쟁을 통해 뽑혀야만 다른 학생들의 지지를 얻을 수 있어요.

이것은 자본주의 경제에서 매우 중요한 점이에요. 자본주의 경제의 기본 원칙 중의 하나가 바로 '경쟁'이거든요.

경쟁을 통해 능력이 있고, 노력을 많이 한 사람이 높은 지위를 차지하는 게 당연한 것이지요. 만일 능력이 없거나, 능력이 있더라도 부모님 덕분에 경쟁 없이 높은 지위를 차지했다면 어느 누구도 이러한 사실에 납득할 수 없을 거예요. 그렇게 된다면 사람들의 불만이 쌓이고, 열심히 일하려는 생각도 하지 않게 되겠지요.

## 대기업의 가족 경영은 올바른가?

일류 기업들은 대부분 전문 경영인을 대표로 뽑아요. 하지만 일부 대기업은 자식들에게 회사를 물려주려는 경향이 강해요. 대표의 친인척들을 능력에 상관없이 회사의 높은 자리에 앉히기도 하고요.

이런 식의 가족 경영은 크게 두 가지의 문제점을 불러오게 돼요.

첫째, 능력이 확인되지 않은 사람이 회사의 중요한 일을 결정하게 되므로 회사에 큰 손해를 가져올 수 있어요. 또한 능력이 뛰어난 사람이 단지 대표의 친척이 아니라는 이유만으로 자신의 능력만큼 보상을 받지 못하는 일도 생기고요. 이처럼 가족 경영은 '능력을 가장 중시'하는 자본주의 경제의 원칙에 어긋나요. 만약 능력 없는 사람이 회사의 중요한 일을 맡아 운영에 실패하면 결국 회사의 주식 가격이 떨어지게 돼요. 이것은 회사의 주식을 가진 주주들은 물론 회사의 직원들에게까지 손해를 끼치게 되지요.

둘째, 가족 경영은 기업의 대표와 그 가족이 회사의 주인이라는 생각을 하게 만들어요. 앞에서도 말했듯이 회사의 주인은 주주들이에요. 또한 회사를 위해 평생을 바친 노동자들도 회사의 주인이고요. 그런데 이들을 무시하고 대표와 가족들이 회사의 주인인 것처럼 행동한다면 어떻게 될까요? 아무도 이러한 회사를 위해서 자신의 능력을 최대한으로 발휘하려고 하지 않을 거예요.

진정한 자본주의 경제는 '경쟁을 통해 능력이 확인된 사람이 보상을 받는 제도'라고 할 수 있어요. 이를 위해서는 무엇보다 정당한 경쟁이 이루어져야 해요. 만일 회사 대표의 자녀라는 이유로 능력도 없는 사람이 대표 자리를 물려받는다면 자본주의에서 가장 중요한 원칙인 '경쟁'을 무시하는 셈이에요.

회사가 발전하게 되면 회사를 위해 노력한 모든 노동자와 주주들에게 그 이익이 돌아가는 게 원칙이에요. 하지만 대기업의 가족 경영은 대표와 그 가족들이 이익을 차지하는 경우가 많아요. 예를 들어, 한 대기업 사장이 회사에서 많은 이익을 내는 핵심 사업을 자신의 자녀들이 만든 회사에 맡겼다고 생각해 볼까요? 당연히 이들의 회사는 막대한 이익을 얻을 수 있겠지요. 이런 경우 어떤 문제가 생길까요? 원래 회사의 이익은 모든 주주들과 노동자들이 나누게 되어 있어요. 하지만 자녀들의 돈으로 설립한 회사에서 만든 이익은 이들이 모두 가져가게 된답니다. 이러한 행위는 회사 전체의 이익을 몇몇 사람이 도둑질하는 거나 마찬가지예요.

공정한 경쟁이 이루어지지 않는 사회는 더 이상 자본주의 경제를 추구한다고 볼 수 없어요. 이러한 사회가 과연 발전할 수 있을까요?

# 부자와 기부

왕 대인은 홍콩에서 제일가는 부자이다. 그는 자신의 모든 재산을 사회에 기부해 세상을 떠들썩하게 만들었다. 그러자 유명 신문사의 기자가 왕 대인을 찾아와 물었다.
"기부를 결심하게 된 특별한 이유가 있습니까?"

왕 대인은 기자의 질문에 웃으면서 이렇게 말했다.
"부모님은 늘 이런 말씀을 들려주셨지요. 부자는 자기 혼자 잘나서 되는 것이 아니라 주변 사람들이 만들어 주는 거라고요."

기자가 무슨 말인지 모르겠다는 표정을 짓자 왕 대인은 설명을 계속했다.

"하늘이 내린 큰 부자는 남을 위하는 마음 없이는 만들어지지 않는 법이지요. 내가 사회에 나와서 처음 시작한 일이 과일 가게 점원이었소. 그 가게 주인은 상한 과일을 싱싱한 과일 속에 슬쩍 끼워 넣어서 팔곤 했어요. 그러다 보니 가게의 이익은 늘었지만 사람들이 더 이상 가게에 과일을 사러 오지 않더군요."

"사람들이 속았다는 걸 알게 된 거로군요."

"결국 그 가게는 망하고 말았소. 나는 다른 과일 가게에 취직을 했지요. 그런데 그 가게 주인은 먼젓번 가게 주인과는 전혀 다른 사람이었소."

기자는 몹시 궁금하다는 표정으로 다음 말을 기다렸다.

"혹시라도 상한 과일을 사 간 사람이 있으면 다시 싱싱한 과일로 바꿔 주더군요. 그런데도 망하기는커녕 오히려 장사가 더 잘 됐지요. 그 주인이 내게 들려준 말이 지금도 귀에 생생해요. '사람들이 싱싱한 과일을 먹으면서 느끼는 행복이 나를 부자로 만들어 줄 것이다.'라고요. 그 뒤 나도 독립해서 장사를 시작할 때, 항상 손님들의 행복을 먼저 생각했지요. 그런 마음을 손님들이 알아주었는지 손대는 장사마다

큰 성공을 거둘 수 있었소."

기자는 그제야 알겠다는 듯 고개를 끄덕였다.

"자기 노력만으로 부자가 되는 것은 한계가 있어요. 사람들이 내 물건을 사 주었기 때문에 돈을 번 것이고, 사회가 풍족했기 때문에 사람들이 내 물건을 살 여유가 있었던 것이지요. 내가 재산을 사회에 돌려주는 것은 내 물건을 사 준 사람들에게 고마움을 표시하는 것이고, 또 계속해서 내 물건을 사 달라고 말하는 것이오."

## 부자들은 어떻게 많은 돈을 벌 수 있었을까?

부자가 되는 데는 크게 두 가지 방법이 있어요.

첫째는 부자인 부모로부터 재산을 물려받는 것이고, 둘째는 남보다 더 많은 노력과 타고난 재능으로 스스로 부자가 되는 경우예요. 사람들은 두 번째 경우처럼 자신의 노력과 재능으로 부자가 된 이들을 존경해요. 또한 그들이 어떻게 부자가 될 수 있었는지 알고 싶어 하지요. 세계에서 1, 2위를 차지하는 부자인 빌 게이츠와 워런 버핏도 바로 두 번째 경우에 해당한답니다.

사람들은 흔히 빌 게이츠와 워런 버핏이 순전히 자신의

재능과 노력만으로 부자가 되었다고 알고 있어요. 언젠가 워런 버핏은 이런 말을 했어요.

"만약 내가 아프리카의 가난한 나라에서 태어났다면, 부자가 되기는커녕 목숨을 이어가기도 어려웠을 것이다."

하지만 사람들은 워런 버핏처럼 뛰어난 사람이라면 어떤 곳에 태어났더라도 자신의 노력과 재능으로 부자가 될 수 있었을 거라고 생각해요. 과연 그럴까요?

예를 들어, 빌 게이츠가 무인도에서 혼자 컴퓨터 프로그램을 만들어 냈다고 상상해 봐요. 그가 과연 오늘날과 같은 부자가 될 수 있었을까요? 공장을 세울 돈을 빌려 줄 은행도 없고, 무인도에는 사람이 없으니 당연히 컴퓨터를 쓸 일도 없겠지요. 또 그가 프로그램을 만들어 냈다고 해도 누군가가 그것을 마음대로 빼앗을 수 있는 혼란한 사회였다면, 자기 것을 빼앗겨도 보호해 줄 법이나 경찰이 없는 사회였다면 어땠을까요?

빌 게이츠가 부자가 된 이유는 많은 사람들이 그가 만든 프로그램을 사 주었고, 빌 게이츠의 노력이 정당한 대가를 받을 수 있는 사회적인 체계가 갖추

어져 있었기 때문이에요. 즉, 사회 구성원들의 도움이 없이는 아무리 뛰어난 천재도 부자가 될 수 없다는 말이지요. 이렇듯 우리는 다른 이들과 어울려 살아가지 않으면 결코 부자가 될 수 없어요.

### 왜 빌 게이츠나 워런 버핏은 애써 모은 재산을 사회에 기부할까?

외국에서는 부자들이 가난하고 불쌍한 사람들을 위해 자신의 재산을 기부하는 경우가 많아요. 그들이 사회에 기부를 하는 것은 순전히 자신의 노력만으로 부자가 된 것은 아니라는 생각에서지요. 이처럼 자신을 부자로 만들어 준 사회와 그 구성원들에게 자신의 부를 돌려주는 것을 '사회적 환원'이라고 해요. 우리나라에서는 아직 드물지만 외국의 경우 상위 계층이 사회에 책임감을 가지고 하는 이러한 행위 – 노블리스 오블리제(프랑스 어로 '귀족의 의무'라는 뜻)를 중요하게 생각해요.

　자신의 재산 대부분을 사회에 환원하겠다고 밝힌 대표적인 사람은 바로 빌 게이츠와 워런 버핏이에요. 빌 게이츠는 약 57조 원에 이르는 전 재산을 5,000만분의 1만 가족에게 남기고 나머지는 모두 사회에 환원하기로 했답니다. 워런 버핏도 약 36조 원을 자선 사업에 쓰기로 결정  했고요. 상상이 안 되는 이런 어마어마한 돈을 왜 다른 사람을 위해 쓰겠다는 것인지 이해가 안 될지도 몰라요. 실제로 우리나라 사람들은 자기의 노력만으로 재산을 모았다고 믿고 있는 경우가 많으니까요. 그래서 대부분 자기 노력의 결과인 재산을 사회에 환원하는 것을 꺼린답니다.

　하지만 빌 게이츠나 워런 버핏의 경우처럼 부자들이 재산을 사회에 환원하는 것은 가난한 사람들에게 큰 경제적 도움이 돼요. 당장 의식주가 곤란한 사람들에게 먹을 것과 잠잘 곳, 입을 옷을 주어 최소한의 인간다운 생활을 할 수 있게 해 주거든요. 직업 교육도 받고 일자리를 얻을 수 있어서 절망 속에서 벗어날 수 있는 기회가 되기도 한답니다.

　**사실 가난한 사람들을 돕는 것은 결과적으로는 부자들**

자신에게도 도움이 되는 일이에요. 외국의 부자들이 막대한 재산을 사회에 기부하는 일은 그들이 도덕적으로 훌륭한 사람이기도 하지만, 이러한 행동이 부자의 사회적 책임으로 인정되고 있어서랍니다. 그러나 무엇보다도 중요한 이유는 사회의 경제가 잘 돌아갈 때, 부자들도 계속해서 부자로 남아 있을 수 있기 때문이에요.

앞에서 말한 것처럼, 빌 게이츠의 마이크로소프트 사가 아무리 우수한 컴퓨터 프로그램을 만들어 냈다고 하더라도

사람들이 그것을 살 돈이 없다면 빌 게이츠는 돈을 벌 수 없었을 거예요.

특히 자본주의 경제는 생산품을 누군가가 계속 사 주어야 유지가 되는 사회랍니다. 만일 사람들이 물건을 살 돈이 없다면 공장에서 만들어 낸 물건들은 창고에 쌓여 갈 거예요. 결국 공장들은 문을 닫게 되고 말겠지요. 뉴스에서 경제 상황이 안 좋을 때마다 으레 '사람들이 지갑을 열지 않는다.'는 말을 걱정스럽게 하는 것도 바로 이 때문이랍니다.

경제에서 가장 중요한 점은 돈의 흐름이 막히지 않아야 한다는 것이에요. 만약 돈을 몇몇 부자들만이 가지고 있다면, 많은 사람들은 돈이 없어 물건을 사지 못하게 되겠지요. 그렇게 되면 경제는 나빠지고 부자들도 더 이상 부자로 남아 있지 못하지요. 아무리 좋은 물건을 만들어도 사람들이 사지 않는다면 공장은 문을 닫아야 할 테니까요. 결국 사회 전체가 혼란스러워지고 모든 사람들이 살기 어려워지게 될 거예요.

# 2장

## 상품화

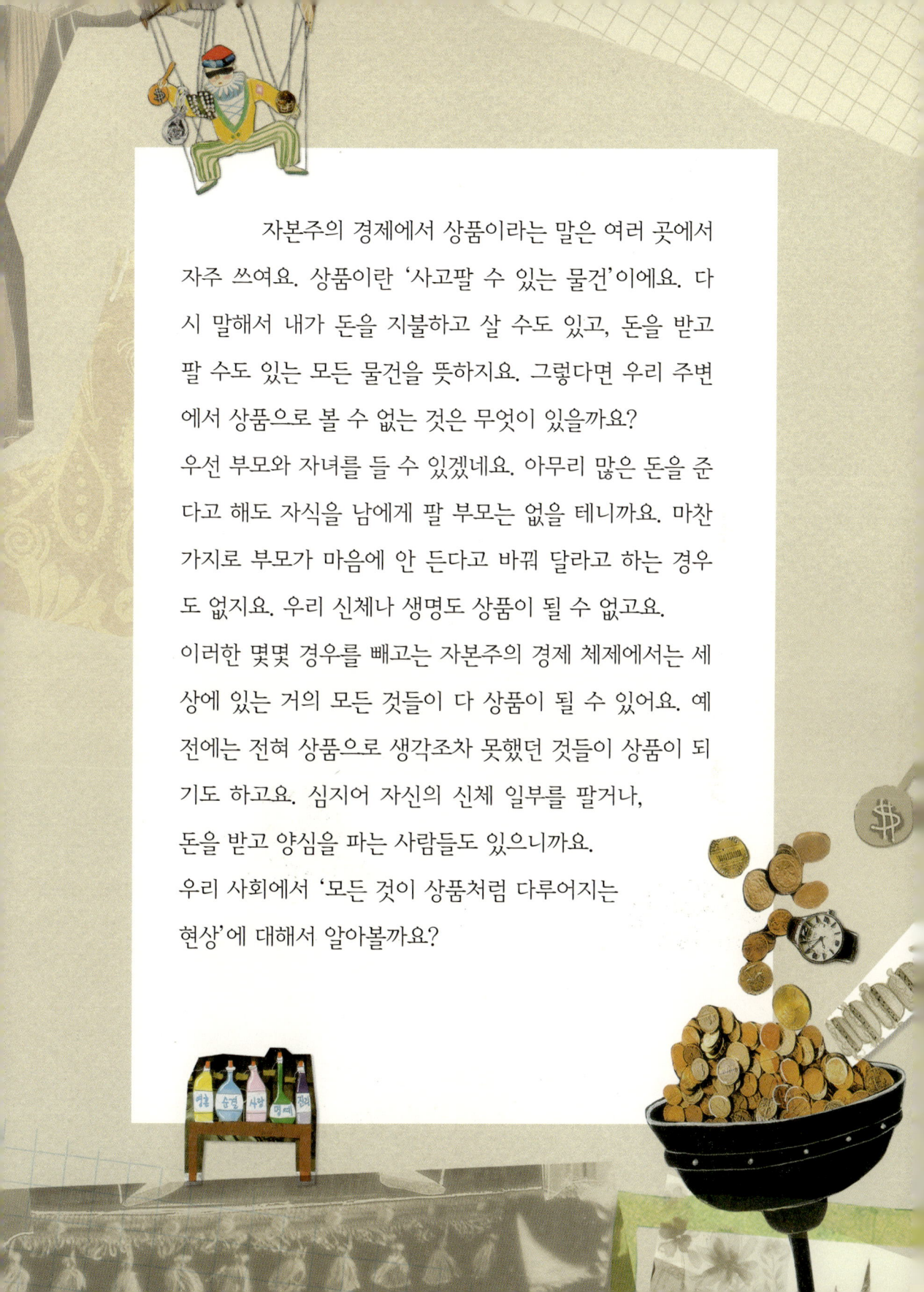

　　자본주의 경제에서 상품이라는 말은 여러 곳에서 자주 쓰여요. 상품이란 '사고팔 수 있는 물건'이에요. 다시 말해서 내가 돈을 지불하고 살 수도 있고, 돈을 받고 팔 수도 있는 모든 물건을 뜻하지요. 그렇다면 우리 주변에서 상품으로 볼 수 없는 것은 무엇이 있을까요?

우선 부모와 자녀를 들 수 있겠네요. 아무리 많은 돈을 준다고 해도 자식을 남에게 팔 부모는 없을 테니까요. 마찬가지로 부모가 마음에 안 든다고 바꿔 달라고 하는 경우도 없지요. 우리 신체나 생명도 상품이 될 수 없고요.

이러한 몇몇 경우를 빼고는 자본주의 경제 체제에서는 세상에 있는 거의 모든 것들이 다 상품이 될 수 있어요. 예전에는 전혀 상품으로 생각조차 못했던 것들이 상품이 되기도 하고요. 심지어 자신의 신체 일부를 팔거나,

돈을 받고 양심을 파는 사람들도 있으니까요.

우리 사회에서 '모든 것이 상품처럼 다루어지는 현상'에 대해서 알아볼까요?

# 팔 수 없는 것과 살 수 없는 것

옛날 어느 나라에 한스라는 사람이 살았다.
가난했던 한스는 일찍부터 장사를 시작했고, 남보다 더 열심히 일해서 큰 성공을 거두었다. 마을 사람들은 한스를 부러워했지만 그는 자신의 성공에 늘 만족하지 못했다.
그러던 어느 날, 한 신사가 한스를 찾아왔다.
"내가 보기에 당신은 야망이 큰 사람이오. 어떻소? 내가 그 소원을 들어줄까 하는데……."

영혼을 내게 팔면 세상에서 가장 부자로 만들어 주지!

신사는 상아로 만든 지팡이에다 보석 반지며 화려한 비단옷을 걸치고 있었다.

"소원을 들어주겠다고요? 그래, 조건이 뭐요?"

한스는 갑자기 찾아와 소원을 들어 주겠다는 신사의 말이 의심스러웠다. 그러자 신사는 웃으면서 말했다.

"역시 상인답게 말이 잘 통하는군. 내가 바라는 것은 바로 자네의 영혼이지. 자네의 영혼을 나에게 준다는 이 계약서에 사인만 하면 자네를 이 나라에서 제일가는 부자로 만들어 주겠네."

'영혼을 팔라고? 보이지도 않는 걸 사겠다니, 참 어리석군. 나야 손해 볼 게 없으니 까짓것 하지 뭐.'

한스는 그 자리에서 영혼을 파는 계약서에 서명을 했다.

그 뒤부터 한스는 벌이는 장사마다 큰 성공을 거두어 신사의 말대로 최고의 부자가 되었다. 한스는 행복했다.

그러던 어느 날, 신사가 나타났다.

"날 위해서 일을 좀 해 줘야겠네. 넓은 땅이 필요한데 말이야. 자네가 사는 마을이 딱 알맞거든. 그러니 마을 사람들을 다른 곳으로 보내게."

신사의 말에 한스는 깜짝 놀랐다.

"말도 안 됩니다. 마을 사람들은 저와 가까운 이웃들인데, 그들을 조상 대대로 살던 땅에서 쫓아내라니요?"

한스의 말에 사내는 웃으면서 말했다.

"지금 뭔가 오해를 하고 있군. 이건 부탁이 아니라 명령일세. 자네는 나에게 영혼을 팔았어. 그걸 잊었나?"

"영혼을 팔았다고 해서 제가 당신의 명령을 들어야 한다는 법이 있나요?"

"영혼을 판다는 것은 자네의 모든 의지를 나에게 판다는 뜻이야. 자네는 내 명령에 의해서 움직이는 인형일 뿐이라는 거지. 계약서에서 이것을 어겼을 때 어떤 벌을 받게 되는지 보지도 못했나?"

한스는 신사가 내미는 계약서를 꼼꼼히 읽어 보았다.

계약서 맨 아랫부분에 '계약을 어길 때에는 한스와 그의 가족들은 평생 지옥과 같은 고통 속에서 살아갈 것이다.'라고 적혀 있었다.

"이런 게 있었다니! 영혼을 파는 것이 어떤 일도 내 의지대로 하지 못한다는 것인지 몰랐소. 그런 줄 알았다면 계약서에 사인을 안 했을 거요."

사내는 한스를 딱하다는 듯이 쳐다보며 내뱉었다.
"이런이런! 역시 자네도 마찬가지야. 나와 계약을 했던 모든 인간들은 영혼이 얼마나 중요한 것인지 모르더군. 그저 성공하게 해 주겠다는 말에 다들 거리낌없이 자신의 영혼을 팔았지. 앞으로 자네도 그들과 같은 신세가 되겠지. 자네는 내 꼭두각시일 뿐이야."

## 영혼을 판다고?

 괴테의 소설 '파우스트'에는 악마에게 영혼을 판 파우스트 박사가 나와요. 파우스트 박사는 세상의 모든 진리를 알기 위해서 악마와 계약을 하지요. 물론 이야기에 지나지 않지만요. 그런데 요즘에는 이런 일들이 현실에서 버젓이 일어나고 있답니다. 자신의 영혼을 팔겠다며 경매 사이트에 상품으로 내놓은 사람들이 있으니까요.
 미국에 사는 어떤 사람은 크리스마스를 맞이해서 자신의 영혼이 담긴 유리병을 판매하겠다는 내용을 인터넷 경매 사이트에 올렸어요. 중국에서도 20대 후반의 남성이 영혼을 팔겠다고 나서자, 58명이 경매에 참여했다고 해요.

이 사실을 접한 사람들은 영혼 같은 것을 사고팔 수 있는 상품으로 보는 세태에 충격을 받았어요. 할 일 없는 사람들의 싱거운 장난쯤으로 여기기에는 엄청난 일이었으니까요. 그런데 왜 사람들이 영혼을 상품으로 내놓았을까요? 무엇 때문에 영혼도 사고팔 수 있는 상품이라는 생각을 하게 되었을까요?

이 질문에 대한 답을 찾으려면 자본주의 경제의 가장 기본적인 특징을 파악해야 해요. 자본주의 경제에서는 세상의 모든 것을 인간이 소유할 수 있다고 생각해요. 내가 무엇을

소유할 수 있다는 것은 바로 무엇을 팔 수도 있다는 것을 뜻하지요. 그런데 우리가 어떤 물건을 사고팔기 위해서는 그것의 가격을 정해야 해요. 이처럼 자본주의 경제에서는 세상의 모든 것을 사고파는 상품으로 만들고, 그것에 가격을 붙인답니다.

이미 우리는 과거에는 상품으로 생각하지 않았던 것에 가격을 매기는 일에 대해 더 이상 놀라지 않아요. 삼성 이건희 회장의 가치가 얼마 정도라는 경제 기사를 보고 모두들 당연한 것으로 받아들이는 것처럼요. 인간의 가치를 그가 벌어들이는 돈으로 계산하는 세상이 된 거예요. 이와 마찬가지로, 사람들의 정직함과 같은 마음씨가 얼마의 가치가 있느냐(얼마의 돈으로 계산될 수 있느냐)는 경제학자들의 말에도 반문하지 않지요.

이러한 사회적 현상은 자본주의에서는 모든 것이 사고팔 수 있는 상품이라는 걸 뜻해요. 물건뿐만 아니라, 인간의 마음씨, 영혼 같은 것도 상품이 될 수 있는 것이지요.

이것은 세상의 모든 것을 '교환 가치' 즉, '가격'만으로 판단하기 때문에 일어나는 현상이에요. 교환 가치가 세상의 기준이 되면 세상의 모든 것은 돈으로 계산되고, 돈으로 사고팔 수 있는 상품이 된답니다.

## 영혼을 파는 사람들은 어떤 사람들일까?

　자신의 영혼까지 팔겠다는 사람들은 도대체 어떤 사람들일까요? 영혼이 있다는 것은 자신이 옳다고 생각하는 것을 자기 의지대로 행동한다는 뜻이에요. 돈 때문에 영혼을 파는 사람들은 '자신의 생각이나 의지'보다는 '돈이 되는 것'에 더 의미를 두는 것이지요.

　미국에 사는 두 젊은이는 사람들이 가장 중요하게 생각하는 것이 무엇인지 궁금했어요. 그래서 세계적인 국제기구와 유사한 이름의 인터넷 홈페이지를 만들었는데, 그곳에 접속한 사람들이 두 사람을 강연회에 초청했답니다. 그들은 유명한 경제학자로 행세하며 여러 대학과 기업체에서 강연을 했어요.

　강연의 내용은 '세계의 식량 부족 사태를 해결하는 방법'이었지요. 두 젊은이는 식량 부족을 해결하기 위해서 선진국에서 나오는 음식 쓰레기를 다시 가공해서 후진국으로 보내자고 얘기했답니다. 후진국 사람들에게 음식물 쓰레기를 먹이자는 의견에 사람들은 어떤 반응을 보였을까요?

　대부분의 사람들은 말도 안 되는 소리라면서 화를 냈어요. 하지만 한 패스트푸드 회사의 높은 사람들의 반응은 정반대였다고 해요. 그들은 '정말 그러면 되겠는걸! 그럼 이익이 훨씬 많아지잖아.'라면서 긍정적으로 받아들였다는군요. 돈을 위해서라면 후진국 사람들에게 음식물 쓰레기도 먹일 수 있다고 생각하다니, 정말 놀라운 일이지요.

우리 사회에도 이런 사람들이 많아요. 돈이라면 자신의 양심도 속이는 사람들이야말로 대표적 예랍니다. 사람들이 먹는 음식에다 몸에 해로운 재료를 넣거나, 건물을 싸게 지

어서 이익을 얻기 위해 부실 공사를 하며, 남을 속여 돈을 뺏는 사람들 말이에요. 이들에게 중요한 건 오로지 '돈'밖에 없어요.

돈을 벌 수 있다면 무엇이든 할 수 있다는 생각이 없어지지 않는 한, '악마에게 영혼을 파는 사람들'은 계속해서 생겨날지도 몰라요.

### 위협 받는 식탁

농약이 남아 있는 채소, 화학물질에 찌든 생선, 유통기한이 지난 과자……. 돈을 벌기 위해서라면 양심도 팔아넘기는 파렴치한 사람들 때문에 우리 식탁이 심각하게 위협받고 있다. 2003년에 중국에서는 가짜 분유를 먹은 어린아이 13명이 영양실조로 목숨을 잃었고, 171명은 영양 결핍과 함께 머리만 비정상적으로 커지는 대두증 증세를 보이는 일까지 있었다.

# 장기 매매 시장

중국의 어느 산골 마을에 사는 장위는 병든 어머니 때문에 자나깨나 걱정이었다. 어머니는 당장 큰 병원에서 수술을 받아야 하는데, 집안 형편이 어려워 수술비를 마련할 수 없기 때문이다.

하루는, 마을 촌장이 장위를 찾아왔다.

"며칠 전에 들은 이야기인데, 옆 마을에서 너만 한 처자가 큰돈을 벌어왔다더라."

촌장은 한참을 망설이더니 장위의 귀가 번쩍 뜨일 말을 일러주었다. 장위는 그 처자가 어떻게 해서 큰돈을 벌었는지 캐물었다.

"그게 말이다. 글쎄, 자기의 콩팥을 팔았다는구나."

"콩팥을 팔아요?"

놀라서 눈이 휘둥그레진 장위에게 촌장은 자세히 설명을 해 주었다.

몇 해 전부터 산골 마을을 돌아다니면서 콩팥을 사려는 사내가 있다는 것이었다.

"그 사람 말을 들으니 젊은 사람은 콩팥이 하나쯤 없어도 생활하는 데 큰 지장이 없다는구나. 큰 도시에서 수술을 하고 왔는데 내가 봐도 별 문제는 없는 것 같더라고."

더 이상 생각할 것도 없이 장위는 그 길로 콩팥을 사려는 사내를 만났고, 사내를 따라 큰 도시의 병원으로 갔다.
"수술은 잘되었으니, 며칠 뒤에 퇴원하거든 집으로 돌아가시오."
사내는 짧게 말하고 장위에게 약속한 돈을 건네주었다.
'그래, 다 잘된 거야. 어쨌든 이 돈으로 어머니의 병을 고칠 수 있잖아.'
장위는 눈물이 쏟아지려는 걸 병든 어머니를 생각하면서 꾹 참았다. 사내에게 받은 돈으로 어머니는 무사히 수술을 마쳤고, 다시 건강을 되찾았다.
그런데 시간이 지나자 장위의 몸에 이상이 나타나기 시작했다.

전에는 하루종일 밭일을 해도 끄떡없었는데, 조금만 일을 해도 피곤해서 견딜 수가 없었다.

몸이 약해졌지만 장위는 일을 계속해야 했고, 스물이 갓 넘은 장위의 얼굴은 30대 후반으로 보일 만큼 늙어 버렸다.

그 뒤에도 마을 사람들 가운데는 장위처럼 더러 콩팥을 파는 사람들이 생겼다. 가난 때문에 어쩔 수 없이 자신의 신체 중 일부를 팔아야 했던 것이다.

어머니는 자기 때문에 콩팥을 팔고 몸이 나빠진 장위를 볼 때마다 가슴이 미어지는 것 같았다.

아이고, 힘들어! 몸이 예전 같지가 않네.

### 인간의 생명을 상품으로 판다고?

　모든 것을 사고파는, 다시 말해 상품으로 만드는 자본주의는 인간의 신체까지도 상품으로 만들고 있어요. '장기 매매'라고 불리는 이런 일은 현재 중국이나 인도, 필리핀 등지에서 몰래 이뤄지고 있답니다. 이 지역에 사는 가난한 사람들이 당장 먹을 것을 마련하기 위해 자신의 콩팥을 파는 것이지요. 이렇게 팔린 콩팥은 미국, 일본, 한국과 같은 잘사는 나라로 흘러 들어가요. 이들 나라에 사는 콩팥이 안 좋은 환자들이 이 콩팥을 산다고 해요. 필리핀의 경우, 한 해 동안 약 500개나 되는 콩팥이 다른 나라로 수출된다고 하니, 놀랍지요?

지구상에는 이처럼 가난 때문에 소중한 몸의 일부를 떼어 파는 사람들이 많아요. 돈이 많은 사람들이 돈 없는 사람들의 몸을 사는 셈이지요. 옛날에 부자들이 노예를 사서 부리듯이, 이제는 가난한 사람들의 몸의 일부를 사는 세상이 된 거예요. 반대로 부자들은 몸이 아파도 가난한 자들에게서 장기를 사서 생명을 이어 갈 수 있게 된 셈이지요.

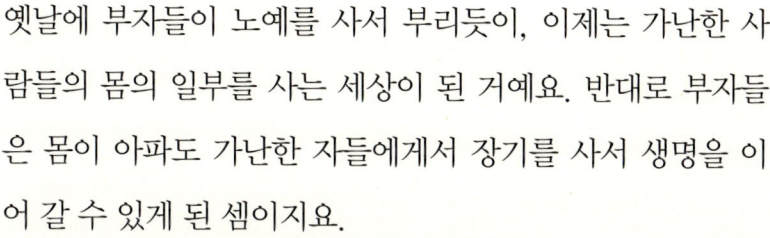

물론 이러한 장기 매매는 법에 어긋나는 일이에요. 우리나라에서도 장기 매매가 법으로 금지되어 있어요. 하지만 필리핀 같은 곳으로 직접 가서 수술을 받는 것까지 막을 수는 없어요. 실제로 해마다 많은 사람들이 장기 매매를 통한 수술을 받으러 필리핀으로 가고 있다고 해요. 필리핀 정부도 이것을 막기는커녕 '필리핀에 와서 저렴한 가격에 장기 수술을 받으세요.'라며 선전을 하고 있는 실정이랍니다. 적어도 필리핀에서는 다른 사람의 몸 일부를 사고파는 것이 법적으로 문제가 되지 않는 것이지요.

인간의 장기가 상품이 돼 버린 현상은 자본주의 체제의 특성 때문이에요. 세상의 모든 것들을 화폐를 통해 사고팔 수 있는 자본주의에서는 생명까지도 사고파는 상품이 돼 버린 거예요. 인간의 생명을 상품으로 사고파는 것은 분명히 윤리적으로 있을 수 없는 일이에요. 하지만 모든 것을 상품화시키는 자본주의 체제에 젖은 대부분의 사람들은 이를 당연하게 받아들이고 있답니다. 실제로 일부 선진국에서는 '장기 매매'를 인정해야 한다는 주장까지 나오고 있어요. 인간으로서 지켜야 할 기본적인 도덕과 윤리마저 경제의 논리에 파괴 당하는 잘못된 현상이 일어나고 있는 것이지요.

## 생명까지 상품이 되는 현대 자본주의 사회

150년 전 미국에서는 노예 해방 운동이 일어났어요. 그때까지만 해도 노예들을 상품처럼 사고팔거나 주인의 마음대로 노예의 생명까지 빼앗을 수 있었지요.

하지만 우리가 살고 있는 민주주의 사회의 기본 원칙은 '모든 인간은 평등하고 다른 사람의 자유를 빼앗을 수 없다.'예요. 바로 이러한 민주주의적 생각이 노예라는 신분도 없앤 것이지요.

그런데 놀랍게도 현대 자본주의 사회에서 새로운 형태의 노예들이 만들어지고 있어요. 물론 이들은 과거의 노예와는 달라요. 이들은 스스로 자신의 몸을 팔거든요.

그렇다면 자기 스스로 자신의 장기를 팔겠다고 결정했기 때문에 아무런 문제가 없는 것일까요? 또 이들에게 장기를 산 사람들 역시 아무 책임이 없을까요?

이런 현상의 가장 큰 책임은 뭐니뭐니 해도 국가와 사회에 있어요. 살기 위해서 장기를 팔 수밖에 없게 만들었으니까요. 가난한 자들이 이러한 선택을 할 수밖에 없다면 결코 그들을 나무랄 수만은 없는 일이거든요.

예를 들어, 집이 너무 가난해서 급식비도 내지 못하는 학생이 있다고 생각해 봐요. 이런 학생에게 선생님이 무조건 급식비를 가져오라고 꾸중만 한다면 어떤 일이 벌어질까요? 아마 이 학생은 잘못된 일인지 뻔히 알면서도 도둑질을 할 수도 있겠지요. 만일 이 학생에게 무료 급식과 같은 사회적 도움이 주어진다면 나쁜 짓을 저지를 가능성은 줄어들 거예요.

이처럼 어쩔 수 없이 장기를 파는 사람들이 있다면, 우리는 그들을 절박한 상황으로 몰아간 사회에 그 책임을 물어야 해요. 실제로 장기를 팔아야 할 만큼 사람들이 가난한 이유는 절대로 게을러서가 아니에요. 실제로 그들도 남들만큼 열심히 일해요. 하지만 불행히도 가난한 나라의 가난한 부모 밑에서 태어났고, 아무리 열심히 일해도 평생 가난에서 벗어나지 못하는 게 그들의 안타까운 현실이지요. 결국 자신의 장기마저 팔 수밖에 없는 절박한 상황에 내몰리게 되는 거고요.

예를 들어, 필리핀에 사는 가난한 어부는 아무리 열심히 물고기를 잡아도 하루하루 먹고살기도 빠듯해요. 만일 가족들 가운데 누가 사고를 당하거나 집안에 큰일이 생겨 갑자기 목돈이 필요하게 되면 어떻게 될까요? 그때는 어쩔 수 없이 자신의 장기라도 팔 수밖에 없겠지요.

그리고 장기를 산 사람들에게도 책임이 있어요. 그저 '파는 것이니까 구입했을 뿐'이라는 식으로 둘러대도 책임을 피할 수는 없지요. 도둑이 훔친 물건이라는 걸 알고도 그 물건을 산 사람은 '장물 취득죄'로 벌을 받아요. 즉, 도덕적이고 윤리적이지 않은 물건을 구입하는 것은 분명히 잘못된 일인데, 하물며 다른 사람의 장기를 사는 것이 정당한 일이 될 수는 없겠지요.

세상에서 무엇보다도 소중한 것은 바로 인간의 생명이에요. 그래서 남의 생명을 뺏은 자는 가장 큰 형벌을 받게 돼요. 이처럼 다른 사람의 생명을 강제로 뺏으면 죄가 되는데,

남의 장기를 돈을 주고 사는 것은 아무런 잘못이 없다는 것은 모순이지요. 그런데도 장기 매매를 하는 사람들은 '다른 이의 생명을 돈을 주고 사는 것은 정당하다.'고 주장하고 있어요.

아무리 모든 것이 상품이 되는 자본주의 사회에서 살고 있다고는 하지만 절대로 사고팔아서는 안 되는 것들이 있어요. 바로 '생명, 영혼, 양심, 자존심'과 같은, 돈으로 환산할 수 없고 환산해서도 안 되는 것이랍니다.

현대 자본주의 시장에서는 인간의 생명과 영혼까지도 상품으로 판매되고 있다.

# 3장

## 노동

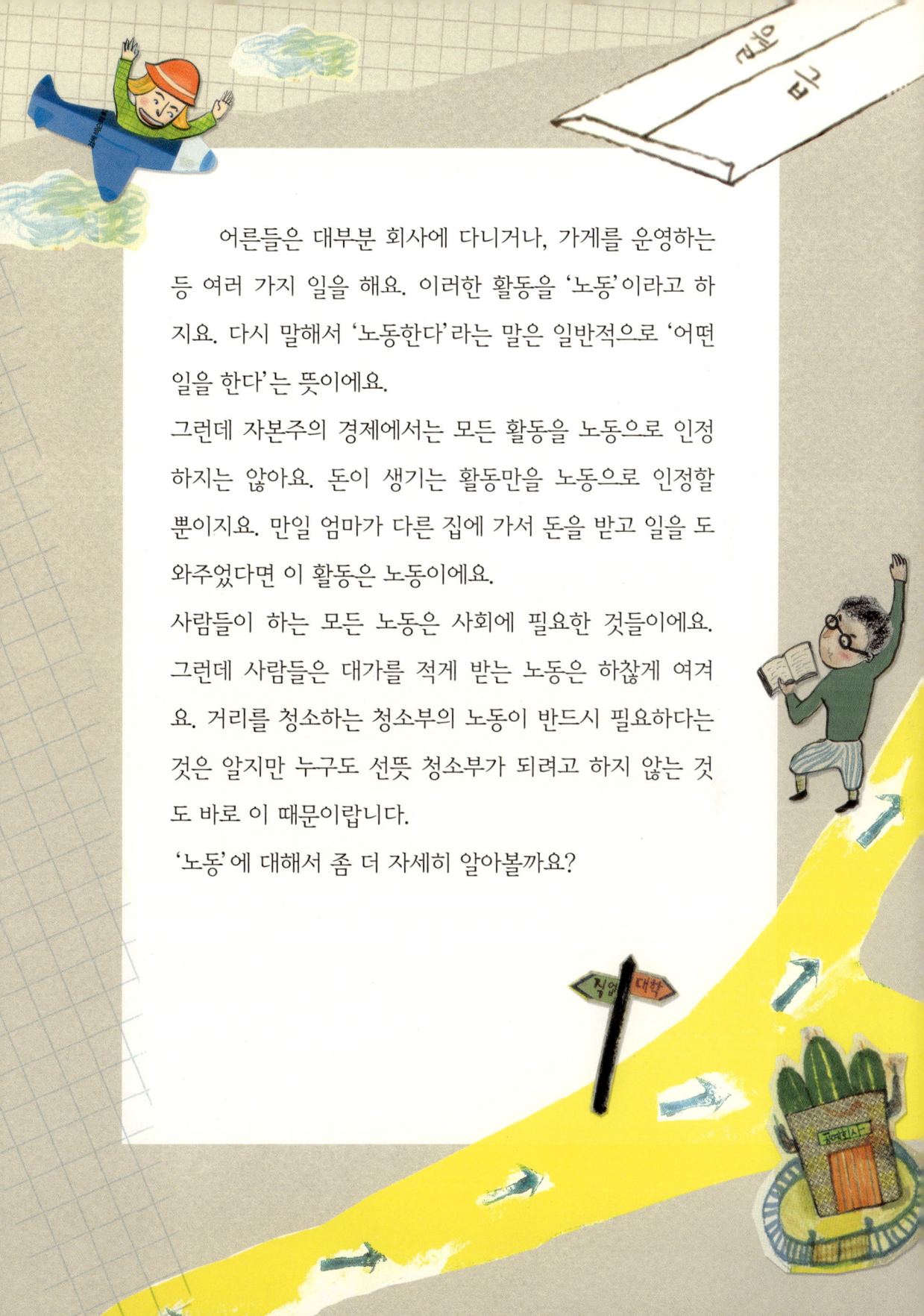

어른들은 대부분 회사에 다니거나, 가게를 운영하는 등 여러 가지 일을 해요. 이러한 활동을 '노동'이라고 하지요. 다시 말해서 '노동한다'라는 말은 일반적으로 '어떤 일을 한다'는 뜻이에요.

그런데 자본주의 경제에서는 모든 활동을 노동으로 인정하지는 않아요. 돈이 생기는 활동만을 노동으로 인정할 뿐이지요. 만일 엄마가 다른 집에 가서 돈을 받고 일을 도와주었다면 이 활동은 노동이에요.

사람들이 하는 모든 노동은 사회에 필요한 것들이에요. 그런데 사람들은 대가를 적게 받는 노동은 하찮게 여겨요. 거리를 청소하는 청소부의 노동이 반드시 필요하다는 것은 알지만 누구도 선뜻 청소부가 되려고 하지 않는 것도 바로 이 때문이랍니다.

'노동'에 대해서 좀 더 자세히 알아볼까요?

# 장인과 공장 노동자

　신발 공장에 다니는 찰스는 오늘도 피곤한 몸을 이끌고 집으로 돌아왔다. 공장에서 하루종일 신발에 밑창 붙이는 일만 계속하다 보니 밤만 되면 손이 저리고 쑤셨다.
　찰스가 처음 신발 만드는 일을 배우러 공장에 갔을 때만 해도 공장의 모습은 지금과 많이 달랐다. 그땐 신발 만드는 기술이 뛰어난 '장인'들이 공장에서 만드는 신발에 대한 모든 것을 책임지고 있었다. 장인들은 하나같이 자기 일에 대한 자부심이 강했고, 그들의 작업에 대해서는 공장 주인도 함부로 간섭하지 못했다. 뿐만 아니라 장인이 되면 월급도 많이 받았고, 무엇보다 공장 주인의 눈치를 보면서 일하지 않아도 되었기 때문에 하루빨리 장인이 되는 것이 찰스의 꿈이었다.
　하지만 컨베이어 시스템이 생기면서 모든 게 달라지고 말았다. 신발 공장에 컨베이어가 설치되자, 모든 노동자들은 그 기계 앞에 앉아서 신발 만드는 과정 중에 한 부분만을 맡아 만들게 되었다.

　옛날에는 한 명의 장인이 신발을 만들고, 조수들이 곁에서 장인이 하는 일을 돕는 방식으로 일을 해 왔었다. 그런데 이제는 모든 사람들이 똑같이 기계 앞에서 자기가 맡은 한 가지 동작을 쉬지 않고 반복해야만 했다.

공장에서 하루종일 똑같은 작업만 계속하게 되자, 찰스는 날이 갈수록 자기가 하는 일에 대해서 아무런 보람도 느낄 수가 없었다. 그렇다고 공장을 그만두면 당장 먹고살 길이 막막하기 때문에 찰스는 묵묵히 일을 할 수밖에 없었다.

이처럼 사람들이 각자에게 맡겨진 똑같은 일만 반복하게 되면서 장인들은 할 일이 없어졌다. 그러자 공장 주인은 많은 월급을 받는 장인들을 공장에서 내보냈다. 마찬가지로 노동자들도 더 이상 기술을 배울 필요가 없어졌다. 그저 맡겨진 한 가지 일만 해내면 그만이었으니까.

장인들이 공장에서 쫓겨나자 새로운 문제가 불거지기 시작했다. 그동안 공장 주인들이 장인들 때문에 노동자들에게 함부로 하지 못했는데, 이제는 식사 시간과 휴식 시간을 줄이면서 일을 시키는 등 온갖 횡포를 부렸다.

예전 같으면 장인들의 기분을 상하게 하면 물건이 만들어지지 않기 때문에 공장 주인들은 장인의 눈치를 봐야 했었다. 하지만 지금은 일을 처음 배우는 사람들도 얼마든지 물건을 만들 수 있기 때문에 공장 주인 마음대로 모든 것을 결정했다.

컨베이어 시스템이 도입되면서
노동자는 한낱 기계의 부속품에 지나게 않게 되었다.

찰스는 기계처럼 한 가지 일만 쉬지 않고 반복하는 자신의 모습이 너무 불쌍했다. 쉬지 않고 돌아가는 컨베이어처럼 어느덧 자신도 기계가 되어 가는 듯한 느낌을 떨쳐 버릴 수가 없었다.

### 노동자들은 왜 기계처럼 일하게 되었을까?

요즘 공장에 가 보면 노동자들이 컨베이어 앞에서 자기가 맡은 일만을 반복하는 모습을 볼 수 있어요. 컨베이어 시스템이 들어오면서 노동자들은 기계처럼 같은 일만 반복하면 되었고, 물건은 정해진 규칙에 따라 예전보다 많은 양이 만들어졌어요.

이렇게 생산량이 늘자 어떤 공장에서는 노동자들의 월급이 오르기도 했어요. 하지만 대부분 공장에서는 주인이 노동자들을 마음대로 해고하거나, 휴식 시간과 식사 시간도 줄이는 등 횡포를 부렸지요. 그도 그럴 것이 이제는 물건을 만드는 데 굳이 뛰어난 기술을 가진 기술자가 필요없고 거리에 일할 사람은 넘쳐났으니까요. 기계가 고장나면 부품을 바꾸어 고치는 것처럼 노동자들 또한 마음에 안 들면 언제든지 다른 사람으로 바꿀 수 있는 존재가 되어 버린 거예요.

## 컨베이어에서 일하는 노동자들은 어떤 생각을 할까?

컨베이어 시스템이 꼭 부정적인 것만은 아니에요. 많은 물건을 일정한 수준으로 만들게 되어 경제가 발전하는 데에 이바지했으니까요. 하지만 컨베이어 앞에서 기계처럼 종일 똑같은 일만 해야 하는 노동자의 입장에서는 자신의 일에 대한 자부심은커녕 회의감을 갖게 했어요. 일을 그저 '돈벌이를 위한 수단'으로 여기게 되었지요.

예로부터 사람들은 노동을 통해 삶의 가치를 발견했어요. 그래서 '노동에서 느끼는 기쁨은 하느님이 인간에게 준 선물'이라고 생각했지요. 자본주의 사회에서 기계처럼 노동을 하게 된 사람들은 자신이 하는 일에 기쁨을 느끼기 힘들어요. 경제적 성장과 물질적 풍요로움은 얻었는지 모르지만 자신이 하는 일에 대한 의미를 잃어버리고 만 것이지요.

# 의사와 공장 노동자의 임금 차이

잭과 한스는 한동네에서 자란 친구이다. 공부를 잘하는 잭과는 달리, 한스는 어릴 때부터 손재주가 뛰어나 무엇이든 만드는 걸 좋아했다. 고등학교를 졸업하자, 한스는 대학에 가지 않고 수공품을 만드는 일을 배워 기술자가 되었다. 한편 잭은 의과 대학에 들어가 공부해서 의사가 되었다.

몇 년이 지난 뒤, 오랜만에 만난 두 친구는 서로의 일에 대해 이야기를 나누었다.

"난 네가 기술자로 성공할 줄 알았어. 정말 축하한다."

잭의 말에 한스는 덤덤한 표정으로 대답했다.

"사실 난 회사에서 중요한 일을 맡고 있어. 하지만 월급이 너무 적어서 먹고살기가 힘들어. 어때? 의사인 너는 나보다 경제적으로 훨씬 낫지?"

"그래. 나야 뭐, 돈 때문에 걱정하는 일은 없으니까."

그러자 한스는 긴 한숨을 내쉬었다.

"요즘 들어 나도 공부를 해서 대학을 갔더라면 조금 더 나은 생활을 하지 않았을까 하는 후회가 생겨. 왜 우리는 각자 자기가 좋아하는 일을 하는데, 실제 생활에서는 이렇게 차이가 나는 걸까?"

## 직업에 따라 월급의 차이가 생기는 이유는 무엇일까?

평범한 노동자보다는 의사나 변호사 같은 직업을 가진 사람들이 훨씬 월급을 많이 받는다는 것은 누구나 다 아는 사실이에요. 대체 그 이유가 무엇일까요?

무엇보다도 '각자의 노력과 능력'이 중요한 문제가 되겠지요. 남보다 더 노력하고 능력이 뛰어난 사람이 더 많은 돈을 받는 것은 당연하답니다. 그렇지 않다면 아무도 열심히 공부해서 훌륭한 사람이 되기 위해 노력하지 않을 테니까요. 또한 사회적으로 어떤 일이 더 중요하고, 하기 힘든 일인지에 따라서도 월급의 차이가 생기기도 해요.

의사는 다른 직업보다 더 많은 노력과 능력이 뒤따라야 해요. 사람의 목숨을 구하는 일을 하기 때문에 사회적으로 중요한 직업 중에 하나라고 할 수 있지요. 그런데 만일 의사와 가게 점원에게 비슷한 월급을 준다면, 아무도 열심히 공부해서 의사가 되려고 하지 않을 거예요. 그렇게 되면 어떤 문제가 생길까요? 의사가 부족해서 사람들이 병이 나도 제대로 치료를 받지 못하게 되겠지요.

저마다 하는 일이 다른데 모든 사람이 똑같은 월급을 받을 수는 없어요. 그렇게 되면 사회적으로 여러 가지 문제가 생기기 때문에 하는 일에 따라 어느 정도의 차이는 인정되어야 한답니다.

### 월급의 차이가 너무 많이 나면 어떤 문제가 생길까?

어떤 일을 하느냐에 따라 지나치게 월급 차이가 많이 나는 것도 문제가 되지요. 앞에서 예로 든 잭과 한스의 이야기처럼 직업 간에 월급 차이가 많이 나게 되면 어떤 일이 벌어질까요? 월급이 적은 직업을 가진 사람들은 자신이 하는 일이 보잘것없다고 느끼게 될 거예요. 아무리 열심히 일을 해도 월급이 너무 적어서 살기가 힘드니까요. 그렇게 되면 일에 대한 의욕도 떨어져서 맡은 일에 최선을 다하지 못하게 되겠지요.

학급이 잘 유지되려면 통솔력이 강한 반장도 필요하고, 청소를 열심히 하는 친구도 필요하고, 좋은 아이디어를 내는 친구도 필요해요. 이와 마찬가지로 사회가 잘 유지되려면 다양한 직업의 사람들이 각자 자기가 맡은 일들을 열심

히 해야 된답니다.

그런데 자신이 하는 일에 대한 대가가 다른 사람과 지나치게 큰 차이가 난다면 사회 유지를 위한 가장 기본적인 것이 무너지는 결과를 가져올 수도 있어요. 빈부격차도 점점 커지게 될 테고요. 또 월급의 많고 적음이 반드시 그 사람의 능력과 비례하는 것도 아니에요. 더구나 모두가 돈 잘 벌고 대우받는 의사나 변호사, 검사 같은 직업만을 꿈꾼다면 그 사회가 제대로 돌아갈 수가 없겠지요.

따라서 사회에서 저마다 자기 적성에 맞는 일을 하면서 행복하게 살 수 있게 하려면 직업에 따른 차이를 줄이기 위한 국가 차원의 노력이 필요해요. 그래서 선진국에서는 '복지 정책'*에 심혈을 기울인답니다.

### 유럽의 복지 정책

유럽은 대체로 복지 정책이 잘되어 있는 편이다. 그 중에서도 스웨덴의 복지 정책은 세계적으로 유명하다. 스웨덴은 1950년대 중반부터 복지 정책을 확대해 왔는데, 해고 억제, 동일 노동-동일 임금, 근로자의 경영 참여 등 노동 시장에 대한 각종 규제를 도입하고 실업수당과 실업 보험 등도 도입하였다. 우리나라의 초등학교 무상급식 실시도 이런 복지 정책의 일환이라 할 수 있다.

## 자원봉사의 가치

제인은 미국 금융의 중심가인 맨해튼에서 꽤 이름난 금융 전문가였다.

어느 날, 제인은 친구를 따라 무료 급식소에서 가난한 사람들에게 무료로 식사를 대접하는 일을 도왔다. 그때 제인은 새로운 세상에 눈을 뜨게 되었다.

'지금까지 내가 해 온 일이 사회에 얼마나 이익이 되는 걸까? 무료 급식소에서 일하는 사람들보다 더 사회에 보탬이 된다고 할 수 있을까?'

제인은 오랫동안 고민하다가 남을 돕는 일을 하기로 마음먹었다. 그리고 바로 가난한 아이들을 돕는 단체에 들어갔다. 거기서 활동하면서 제인은 봉사 활동의 중요성을 깨닫고 수많은 어린이들이 병으로 고통 받고 있는 아프리카에 가기로 결심했다.

먼 나라로 자원봉사 활동을 떠난다는 제인의 말을 듣고 주위 사람들은 깜짝 놀랐다.

"그 좋은 직업을 버리고 봉사 활동을 떠난다고? 그건 바보 같은 짓이야. 얼마든지 편하게 살 수 있는데 왜 그런 고생을 하려고 하니?"

하지만 결심을 굳힌 제인은 아프리카로 떠나는 비행기에 몸을 실었다.

그곳에서 제인은 아파도 치료를 받지 못해 죽어 가거나 먹을 것이 없어서 굶주리는 아이들을 돌보는 일에 온 힘을 쏟았다.

남들이 부러워하는 좋은 직업을 버리고, 아프리카에서 봉사 활동을 하는 제인의 행동은 사람들의 주목을 받았다.

어느 날, 미국의 유명한 신문 기자가 제인을 찾아왔다.

"사람들은 당신이 훌륭하다고 칭찬합니다. 하지만 사회에서 더 큰 일을 할 수 있는 사람이 이런 곳에서 시간을 보낸다고 걱정도 하지요. 어떻게 생각하시나요?"

기자의 질문에 제인은 이렇게 되물었다.

"지금 제가 하고 있는 일이 쓸데없이 시간을 보내는 것처럼 보이나요?"

"맨해튼에서 하던 중요한 일에 비해서는 그렇다고 할 수 있죠."

그러자 제인은 씁쓸한 미소를 지었다.

"사람들은 은행일이 더 많은 돈을 버니까 자원봉사보다 더 중요하다고 생각하겠죠. 하지만 돈으로만 일의 훌륭함이 판단된다면 그 사회는 어떻게 될까요?"

말문이 막힌 기자에게 제인은 이렇게 덧붙였다.

"어려운 이를 돕는 사람들, 사회를 위해 대가 없이 일을 하는 사람들, 아무도 안 볼 때 쓰레기를 버리지 않는 사람들, 부정한 방법으로 돈을 벌 수 있어도 그렇게 하지 않는 사람들. 이런 모든 사람들이 바보 취급 당하는 사회가 되겠지요. 그게 옳은 일일까요?"

## 자원봉사는 왜 훌륭한 사람들이나 하는 일이라고 생각할까?

사람들은 자신을 희생하면서 남을 돕는 사람들을 칭찬해요. 하지만 속으로는 '돈 많고 여유가 있으니까 하지.', '도덕적으로 인품이 되는 사람이나 하는 일이야.', '왜 아무도 알아주지 않는 저런 일을 하지? 바보같이.' 이런 생각을 하기도 하지요.

옛날 중국의 맹자는 '어린아이가 우물에 빠지려는 것을 보면 어떤 사람이라도 아이를 구하려고 할 것이다.'라는 말을 했어요. 모든 사람들에겐 다른 사람을 돕고자 하는 마음이 있다는 뜻이지요.

　그런데 요즘 사람들은 왜 다른 사람을 돕는 일에 인색할까요? 아마도 대부분의 사람들이 자기 먹고살기도 힘들어서 남의 일에 신경 쓸 겨를이 없어서인지도 몰라요. 모두들 옛날에 비해 세상의 인정이 점점 메말라 간다는 말들을 많이 해요. 도대체 사람들이 왜 그렇게 변했을까요?

　자본주의 사회의 원리를 생각해 보면 쉽게 알 수 있어요. 자본주의 사회는 '일에 대한 정당한 대가'를 중요시하는 사회니까요. 즉, 내가 무슨 일을 하면 반드시 그에 맞는 대가인 돈이 주어져야 해요. 그래서 사람들은 돈이 안 되는 행동은 쓸모없는 것이라는 생각을 갖게 되었는지도 몰라요. 남을 돕는 일은 훌륭한 사람들이나 하는 일이라고 말이에요.

　'돈을 벌지 못하는 행동은 쓸모없는 것'이라는 생각이야말로 오늘날의 '인정 없는 사회'를 만든 가장 큰 원인이지요. 물론 자기가 한 일에 대해서 정당한 대가를 받는 것도 중요하겠지만, 모든 행동을 돈으로만 계산하는 생각은 잘못된 것이 아닐까요?

## 자원봉사는 사회에 어떤 이익을 가져올까?

우리는 자원봉사를 하는 사람은 칭찬하면서도, 정작 그 일이 사회적으로 어떤 이익을 가져다 주는지에 대해서는 헤아려 보지 않아요. 예를 들어 추운 겨울에 아주 많은 눈이 내렸어요. 사람들은 보통 자기 집 앞에 쌓인 눈만 치우지요. 그러면 골목길에 쌓인 눈은 얼어붙어 빙판길이 될 거예요. 사람들이 그곳을 지나가다가 미끄러져 다칠 수도 있어요. 만일 누군가 자기 집 앞뿐만 아니라 골목길에 쌓인 눈을 치운다면 사람들이 안전하게 골목길을 다닐 수 있을 거예요.

자원봉사의 이익은 바로 이런 것이랍니다. 자기가 하는 행동이 다른 사람들을 행복하게 만들어 주는 것이지요. 물론 이것이 돈으로 계산되지는 않아요. 그렇기 때문에 우리는 자원봉사에 대해서 감사하는 마음을 잘 느끼지 못해요. 엄마가 하는 집안일에 대해서도 마찬가지예요. 만일 엄마가 아무 일도 하지 않는다고 생각해 보세요. 요리도 안 하고, 청소도 안 한다면 어떤 일이 벌어질까요? 아마 집이 엉망이 될 거예요.

요즘은 엄마들이 하는 집안일에 대해서도 노동의 가치를 인정하고 있어요. '만일 가정부가 그 일을 한다면 얼마를 줘야 할까?' 하는 식으로 집안일에 대한 가격을 정한답니다. 우리 사회에는 아직도 가격이 정해지지 않은 자원봉사와 같은 일들이 많아요. 그 일들은 다른 사람들에 대한 사랑 때문에 하는 것이고, 사회 전체를 행복하게 만드는 역할을 한답니다. 돈으로 계산되지는 못하지만 정말 가치 있고 중요한 일이 있다는 점을 잊어서는 안 되겠지요.

# 4장

## 생산 방식의 변화

경제의 기본적인 요소는 '생산'과 '소비'예요. 옛날에는 공장에서 값싸고 품질이 좋은 물건을 만들고, 소비자는 이러한 물건을 소비하면 그만이라고 생각했었지요. 자동차를 생산하는 대표적인 기업 가운데 하나인 '포드사'만 하더라도 초기에는 컨베이어 시스템을 통해 가장 적은 시간에 가장 많은 양을 생산하는 것에 모든 노력을 기울였어요. 그 결과 상품의 가격이 낮아져, 소비자들은 품질이 좋은 상품을 보다 싼 가격에 사용하게 되었지요. 물론 요즘처럼 디자인이나 색상, 기능이 다양한 자동차가 아니라, 한 가지 디자인의 검은색 자동차만을 만들어 냈을 뿐이지만요.

하지만 요즘에는 정보 통신 등의 과학 기술이 발달하면서 '상품을 생산하는 방식'에도 많은 변화가 생겼어요.

이 장에서는 옛날에 비해 달라진 생산 방식의 변화에 대해 알아볼 거예요.

# 하루 아침에 일자리를 잃은 노동자들

아키가 살고 있는 곳은 일본의 오래된 탄광촌이다. 마을 사람들은 대부분 조상 대대로 광부 일을 해 왔으며, 자신들이 캐내는 석탄이 나라의 경제에 도움이 되는 것에 큰 자부심을 갖고 있었다.

어느 날, 탄광을 운영하는 회사가 청천벽력 같은 놀라운 소식을 발표했다.

"최근 석탄을 사용하는 양이 너무 많이 줄었습니다. 그래서 회사는 더 이상 운영이 어렵게 되어 문을 닫기로 결정했습니다."

광부들이 만든 조합의 대표는 당장 회사로 찾아가 하소연을 했다.

"우리는 평생 광부 일밖에 모르고 살아온 사람들입니다. 앞으로 어떻게 살란 말입니까?"

회사에서는 탄광을 없애고 그 밑에 있는 온천을 개발하면 다시 일자리를 얻을 수 있을 것이라고 이야기했다.

하지만 광부들은 모두 2,000명인데 온천에서 필요한 인원은 500명뿐이었다. 결국 1,500명은 마을을 떠날 수밖에 없는 형편이었다.

며칠이 지나자 회사에서는 나이가 많은 광부들에게 해고 통지서를 보내기 시작했다.

평생을 광부로 일해 온 사람들은 앞으로 살아갈 걱정에 한숨만 쉴 뿐이었다.

## 노동절은 어떻게 생겨났을까?

 산업 혁명 이후 노동자들은 아주 힘든 환경에서 일했어요. 하루에 12시간 이상을 일하고도, 겨우 먹고살 정도의 월급을 받았지요. 사장은 자기 마음에 들지 않는 노동자를 마음대로 직장에서 쫓아낼 수 있었고, 노동자들은 일자리를 잃지 않기 위해서 어쩔 수 없이 참아야만 했답니다. 노동자들은 사장의 노예나 다름없었지요. 거기에 1883년에 불경기가 닥치면서 노동자의 생활은 점점 더 어려워졌어요.
 마침내 1886년, 미국 시카고에서 노동자들이 자신들의 권리를 주장하고 문제를 해결하기 위해 나섰어요.

5월 1일, 시카고의 노동자들은 하루 8시간의 노동을 요구하면서 공장의 기계를 멈추었어요. 기계 돌아가는 소리와 망치질 소리가 멈추고, 공장 굴뚝에서는 더 이상 연기가 솟아오르지 않았지요. 노동자들이 일손을 멈추면 세상이 돌아가지 않는다는 것을 보여 준 것이에요.
　하지만 경찰은 이러한 노동자들을 향해서 총을 발사했어요. 이때 어린 소녀를 비롯해 6명이 목숨을 잃었지요. 그 다음 날, 노동자 30만 명이 모여서 경찰의 잘못된 행동을 비난하자 경찰은 이 집회를 이끈 사람들을 잡아 가두었어요.

생산 방식의 변화 103

**앨버트 파슨즈**

노동자의 편에 서서 평생 노동 운동을 펼쳤던 미국의 노동 운동가이다. 1880년에 대규모 철도 파업에 참가해 적극적으로 활동하였고, 이로 인해 요주의 인물로 찍혀 해고되었다. 경찰에게 협박을 당하면서도 굴하지 않고 노동 운동을 계속하다가 누명을 쓰고 1887년에 사형당했다.

이때 붙잡힌 노동 운동 지도자였던 앨버트 파슨즈*는 마지막 재판에서 사형 선고를 받자 이렇게 말했어요.

"나는 비록 월급을 받고 사장이 시키는 대로 하며 사는 노예에 지나지 않는다. 그렇다고 이 노예 같은 신분에서 벗어나기 위해 나 자신이 노예의 주인이 되어 남을 부리는 것은, 나 자신은 물론 내 이웃과 동료들을 욕되게 하는 것이라고 믿는 사람 중에 하나다. 만약에 인생의 길을 달리 잡았다면 나도 지금쯤 시카고 시내의 어느 거리에 호화로운 저택을 짓고 가족과 더불어 사치스럽고 편안하게 살 수 있었을 것이다. 노예들을 나 대신 일하도록 부려 가면서 말이다. 그러나 나는 그 길을 걷지 않았다. 그 때문에 나는 여기 재판정에 서게 되었다. 이것이 바로 사형을 선고받은 내 죄다. 하지만 나는 내 선택을 후회하지 않는다. 당신들은 하나의 불꽃을 짓밟아 끌 수는 있겠지만, 결코 내 뒤에 일어나는 수많은 불꽃을 끄지는 못할 것이다!"

그 뒤, 노동자들은 자신들의 노동 환경을 개선하기 위해 처음으로 공장의 기계를 멈췄던 날을 기념하고자 5월 1일을 노동절로 정했어요. 이날은 훗날 세계적인 노동자들의 기념일이 되었지요.

## 노동조합은 어떤 일을 하는 걸까?

파슨즈의 말대로 노동자들은 이어서 자신들의 목소리를 내기 위해 노동조합이라는 것을 만들었고, 마침내 하루 8시간씩 일할 수 있게 되었어요. 노동조합은 노동자들이 힘을 모아 회사 대표에게 대항하기 위해서 만든 단체랍니다. 그렇다고 꼭 대표들과 싸우기만 하는 것은 아니에요. 노동자들은 자신들이 요구하는 것을 말하고, 회사 대표도 회사의 입장에 대해서 말하면서 서로의 의견을 맞춰 나가는 것이지요. 이러한 과정을 '노동자와 사용자(회사 대표) 간의 협상', 줄여서 '노사 협상'이라고 해요.

앞서 예로 들었듯이 광산 노동자들은 회사 대표와 의견을 맞춰 나가야 해요. 만약 이런 협상이 없었다면 대부분의 광부들이 퇴직금도 받지 못하고 다른 곳으로

산업화가 진행되던 1960년대에서 1970년대 우리나라 노동 환경은 매우 열악했다. 공장에서 일하는 노동자들은 대개 농촌에서 도시로 돈을 벌기 위해 올라온 어린 학생들이었다. 이들은 허리 한번 제대로 펴기 힘들 만큼 비좁은 공간에서 최저 임금에 밤샘 작업을 하며 장시간 노동에 시달렸다.

떠나야만 했을 거예요. 노동조합은 노동자들의 이익을 위해서 회사 대표와 협상을 벌이고, 덕분에 광부들은 자신들의 생계를 유지할 수 있게 되었지요.

자본주의 사회에서 노동조합은 반드시 필요한 단체예요. 예를 들어, 학급에서 가장 힘이 센 학생이 학급 일을 자기 마음대로 할 때, 누군가 나서서 그러지 말라고 해도 아무 소용이 없을 거예요. 하지만 반 아이들이 모두 힘을 합쳐 한목소리로 얘기한다면 아무리 힘이 센 학생이라도 말을 들을 수밖에 없겠지요.

이와 마찬가지로 회사 대표보다 상대적으로 힘이 약한 노동자들은 노동조합을 통해서 자신들의 의견을 말해요. 노동 환경이나 임금(월급) 등에 대해서요.

만일 이런 '노사 협상'이 없다면 어떻게 될까요? 노동자는 회사에서 점점 마음이 멀어지게 될 것이고 그렇게 되면 회사도 손해를 입게 되지요. 회사에 애정이 없는 노동자라면 맡은 일에 최선을 다하지도 않을 뿐더러 회사의 발전을 위한 생각은 아예 하지도 않을 거예요. 노동자들이 회사를 아끼고 사랑하는 마음이 있을 때, 제품의 품질도 좋아지고 같은 시간에 더 많은 일을 하게 되는 건 당연한 이치랍니다. 이는 결국 회사 전체의 이익이 되는 일이기도 하고요.

사회는 모든 사람들이 서로 의견을 맞춰 나가는 과정을

통해서 발전해요. 학교에서도 선생님이나 반장이 학생들과 서로 충분히 의견을 나누게 되면 바람직한 학급 운영이 이루어지겠지요. 이처럼 노동자와 회사 대표가 서로의 입장을 이해하고 의견을 맞춰 나간다면 그 회사는 발전할 수밖에 없어요. 이런 점에서 노동조합은 노동자에게 없어서는 안 될 중요한 노동자 단체랍니다.

## 대량 생산과 맞춤형 생산

일본에서 가장 큰 자동차 회사에 다니는 아베 씨는 요즘 고민에 빠져 있다. 팔리지 않은 자동차가 창고에 잔뜩 쌓여 있기 때문이다.

어느 날, 대리점을 둘러보던 아베 씨는 판매 사원이 손님과 나누는 말을 듣게 되었다.

"죄송합니다만, 그 모델을 사시려면 기다려야 합니다. 졸업 시즌이라 자동차를 선물하려는 부모님들이 많아서요."

아베 씨는 이 말을 듣고 깜짝 놀랐다.

'손님이 원하는 자동차가 없다고? 그럼 창고에 가득 쌓여 있는 자동차들은 뭐란 말이야?'

창고로 달려간 아베 씨는 깜짝 놀랐다. 창고에는 소형차는 단 한 대도 없고, 대형차만 잔뜩 쌓여 있었던 것이다.

아베 씨는 지난 몇 년 동안 판매된 자동차의 종류와 수량을 살펴보다가 새로운 사실을 발견했다.

먼저 달마다 팔리는 자동차의 종류가 달랐다. 졸업 시즌인 2월에는 소형차가 많이 팔리고, 여름 휴가철인 7월에는

주로 온 가족이 탈 수 있는 소형 버스가 많이 팔렸다. 그리고 같은 소형차라도 남자는 짐칸이 넓은 모델을 찾는 반면, 여자는 아주 작고 깜찍한 차를 좋아했으며, 좋아하는 색깔도 나이마다 달랐다.

아베 씨는 이 통계를 바탕으로 회의 때 새로운 제안을 내놓았다.

"지금부터 월별로 잘 팔릴 수 있는 자동차를 만든다면, 창고에 쌓여 있는 물건도 줄이고 이익도 늘어날 것입니다. 지금은 컴퓨터를 통해서 어떤 차가 얼마나 팔리는지 쉽게 알 수 있습니다. 그것을 바탕으로 우리는 다음 달에 어떤 차가 잘 팔릴 것인지 예상을 할 수가 있다는 것이지요."

아베 씨의 설명을 듣고 누군가가 문제점을 지적했다.

"자동차마다 들어가는 부품이 제각기 다른데 손님이 원한다고 바로 만들 수 있는 것도 아니지 않습니까?"

그때, 자동차를 연구하는 기술자 한 명이 손을 들었다.

"그건 큰 문제가 안 됩니다. 판매되는 자동차의 종류를 정확히 예상할 수만 있다면, 그것에 필요한 부품의 양도 얼마든지 맞출 수 있습니다. 예를 들어 2월 달에 소형차의 판매량이 2만 대라고 예상한다면 그에 맞춰 필요한 부품도 미리 생산하면 됩니다."
　이런 식으로 회사는 고객이 원하는 자동차를 한 발 앞서 만들었다. 그러자 창고에 쌓여 있던 팔리지 않는 물건들도 없어지게 되었다.

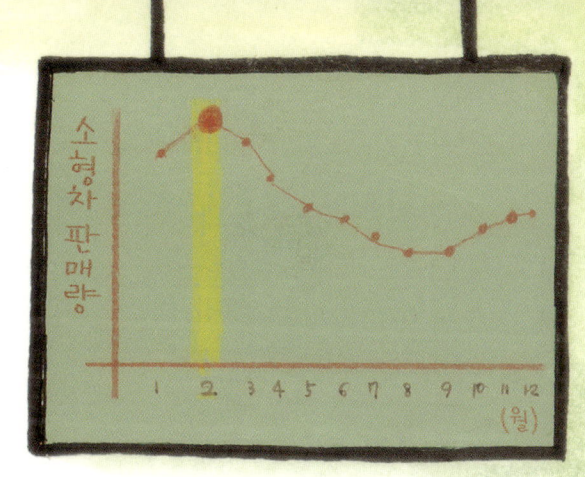

### 어떻게 만들어야 물건이 잘 팔릴까?

공장에서 물건을 만드는 것을 '생산 활동'이라고 해요. 그리고 다른 사람에게 팔기 위해 만들어진 물건, 즉 상품을 사람들이 사는 행동을 '소비 활동'이라고 하지요. 회사가 이익을 많이 내려면 '생산된 물건'이 곧바로 '소비'되어야 한답니다.

그런데 모든 물건이 만들자마자 다 팔리는 것은 아니에요. 그래서 어떤 물건은 팔리지 못하고 창고에 쌓여 있기도 해요. 이렇게 창고에 쌓여 있는 물건을 '재고'라고 하지요. 재고가 많을수록 회사는 어려움을 겪게 돼요. 만약 내가 100

원을 가지고 물건 10개를 만들었는데(이런 경우 물건 한 개를 만드는데 들어간 내용은 10원이에요.) 그 중에서 5개만 팔리고, 5개는 그대로 창고에 있다면(50원은 다시 나에게 돌아오지만, 50원은 물건에 묶여 있게 돼요.) 결국 나는 50원의 돈을 물건이 팔릴 때까지 쓰지 못하게 되겠지요.

이것이 쌓이면 회사 사정은 어려워질 수밖에 없어요. 그래서 회사마다 가장 신경 쓰는 부분이 바로 재고를 줄이는 거랍니다.

그럼 잘 팔릴 수 있는 물건을 만들려면 어떻게 해야 할까요? 바로 물건을 살 사람(소비자)이 좋아하고 원하는 물건을 만들어야겠지요. 일본의 도요타라는 자동차 회사는 이 점을 알고 획기적인 생각을 해냈어요. 그전까지만 해도 공장에서 물건을 만들면, 소비자는 그 물건을 사는 식으로 생산과 소비가 이루어졌어요.

소비자가 원하는 것에 관심을 갖고 그것에 맞춰 자동차를 만듦으로써 도요타는 세계 1위의 자동차 회사가 되었다.

대량 생산을 통해 보다 더 저렴한 가격에 물건을 만드는 것이 중요했기 때문에 소비자가 무엇을 원하는가에 대해선 관심이 없었지요. 그런데 도요타는 소비자가 원하는 것이 무엇인지 가장 먼저 관심을 가졌어요. 차를 사더라도 각자 좋아하는 디자인과 색깔이 다르다는 것을 알아냈거든요. 그래서 도요타는 소비자가 원하는 것에 맞추어 자동차를 생산하기 시작했답니다. 소비자의 욕구에 맞춘 도요타의 생산 방식은 엄청난 성공을 가져왔고, 도요타는 세계 1위의 자동차 회사로 우뚝 설 수 있게 되었답니다.

### 대량 생산 방식에서 맞춤형 생산 방식으로!

자동차가 처음 나왔을 때만 해도 자동차는 부자들만 가질 수 있는 아주 특별한 물건이었어요. 그런데 1903년에 미국의 포드 사에서 컨베이어 생산 방식을 개발하면서 획기적으로 싼 가격에 자동차를 사람들에게 공급하게 되었지요. 이 방식으로 생산된 자동차는 모두 똑같은 디자인에 색깔도 검정색 한 가지였답니다. 대량 생산 방식으로는 지금처럼 다양한 모양과 색깔의 차를 만들 수가 없었거든요. 사람들도 자동차를 살 수 있다는 것이 중요했기 때문에 모양이나 색

기술이 발달하고 생활 수준이 높아지면서 공장에서 대량 생산 방식으로 찍어 내던 자동차도 소비자가 원하는 모양과 색깔로 만들어져 보급되기 시작했다.

깔은 신경 쓰지 않았어요.

 그런데 자동차가 널리 보급되면서 사람들은 자기가 좋아하는 모양과 색깔의 차를 가지고 싶다는 욕망이 생겼어요. 예전에는 어떤 물건이든 값싸게 많이 만들어 내는 것이 무엇보다 중요했지만, 이제는 사람들이 원하는 물건을 만드는 것이 가장 중요하게 된 거예요.

## 왜 옛날에는 도요타와 같은 생각을 하지 못했을까?

'소비자가 원하는 것을 만든다'는 것은 물건을 만드는 사람이라면 누구라도 생각할 수 있는 문제예요. 그런데 왜 예전에는 이처럼 당연한 생각을 하지 못했을까요? 사실 그때에는 그렇게 할 수 있는 방법이 없었기 때문이에요. 사람들이 무엇을 원하는지도 알 수 없었고, 사람들이 원하는 물건을 만들기 위해 그때마다 공장의 기계를 바꿀 수도 없었으니까요.

소비자가 원하는 물건을 만들 수 있게 된 것은 기술의 발달 덕분이에요. 요즘은 사람들이 무엇을 원하는지 바로 알 수 있어요. 컴퓨터를 통해 판매된 물건의 종류와 수량, 모양, 색깔 등의 정보를 한눈에 볼 수 있거든요. 이러한 소비자의 욕구에 맞춰서 공장에서는 필요한 만큼의 물건을 만들 수 있답니다.

또한 과학 기술이 발달하면서 공장의 기계도 놀라운 발전을 했지요. 예전에 사람들이 손으로 일을 할 때에는 대형차를 만들다가 갑자기 소형차를 만든다는 것은 감히 생각할 수조차 없었어요. 하지만 최첨단 시스템의 기계는 그런 일을 거뜬히 해낼 수 있게 했지요.

과학 기술과 정보화의 발전으로 공장은 옛날의 모습을 거의 찾아볼 수 없게 되었어요. 특히 컴퓨터와 인터넷 등의 기술이 이룩한 정보화는 우리 사회의 모습을 크게 바꾸어 놓았답니다.

### 상품에 붙어 있는 바코드는 무엇일까?

 요즘은 동네 슈퍼에서 과자 한 봉지를 사도 바코드가 붙어 있는 걸 볼 수 있어요. 계산대에서 기계로 물건에 붙어 있는 바코드를 찍으면 바로 가격이 나와요. 그런데 왜 우리가 사는 물건에는 모두 바코드가 붙어 있는 걸까요?
 바코드에는 그 물건에 대한 모든 정보가 담겨 있답니다. 어떤 종류의 물건이고 만들어진 곳은 어디이며, 모양이나 색깔, 가격 등에 대해 자세히 알 수 있지요.

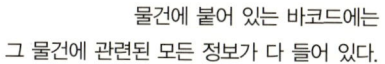
물건에 붙어 있는 바코드에는 그 물건에 관련된 모든 정보가 다 들어 있다.

계산대에서 바코드를 찍는 것은 단순히 계산만 하기 위한 게 아니에요. 바코드에 담긴 모든 정보가 바로 정보를 관리하는 컴퓨터로 옮겨지지요. 그래서 언제 무엇이 얼마나 팔렸는지 금방 알 수 있어요.

예를 들어, 여러분이 '2만 원짜리 230밀리미터의 하얀색 포켓 몬스터 운동화'를 한 켤레 샀다고 생각해 볼까요? 신발에 달려 있는 바코드는 이런 모든 정보를 회사 컴퓨터에 전달해요. '가격 2만 원', '치수 230밀리미터', '하얀색', '포켓 몬스터가 그려진 신발', '운동화'라는 모든 정보가 전달되는 것이지요. 만일 여러분이 산 운동화를 다른 사람들도 많이 구입했다면, 신발을 만드는 공장에서는 그와 비슷한 운동화를 많이 만들 것이고, 백화점에서도 그런 운동화를 많이 갖다 놓을 거예요.

이처럼 상품에 붙어 있는 바코드는 '어떤 물건이 어디에서 많이 팔리는가?'를 알려 주는 중요한 역할을 해요. 이러한 정보를 아는 것과 모르는 것의 차이는 엄청나답니다. 물건을 만드는 공장이나 물건을 파는 곳에서 어떤 물건이 많이 팔리는지 정확히 알고 있다면 더 많은 이익을 낼 수 있으니까요.

우리가 살고 있는 현대 사회를 흔히 '정보화 사회'라고 해요. 컴퓨터와 인터넷과 같은 기술의 발달로 누구나 원하는 정보를 자유롭게 이용할 수 있기 때문이에요. '정보화 사회'에서는 다른 사람보다 좋은 정보를 가진 사람이 부자가 될 가능성이 높아요. 예전에는 부지런하고 성실한 사람이 성공할 수 있었다면, 요즘은 거기에 한 가지 더 '좋은 정보'를 가지고 있어야만 성공할 가능성이 높지요. 사람들이 무엇을 원하는지 정확한 정보를 갖고 있지 않다면, 아무리 열심히 노력해도 성공하기가 어렵답니다.

### 정보화 사회에서 소비 행동은 생산 활동에 어떤 영향을 미칠까?

기업들은 정보화 기술을 이용해 소비자가 원하는 것이 무엇인지 정확히 알아내고자 노력했어요. 이것에 성공한 기업은 보다 더 많은 이익을 얻을 수 있었어요. 우리는 여기에서 오늘날의 '생산과 소비'의 형태가 예전과는 많이 달라졌다는 것을 알 수 있지요.

예전에는 '상품을 만드는 생산과 상품을 사는 소비'가 별개의 것이라고 생각했어요. 하지만 지금은 '상품을 사는 소비자가 상품을 만드는 생산자'에게 가장 중요한 정보를 알려 주고 있답니다. 다시 말해, 생산과 소비가 서로 밀접하게 연결되어 있다는 뜻이지요.

정보화 사회가 되면서 우리가 하는 대부분의 행동이 생산자에게 정보를 주고 있어요. 어떤 물건을 사거나, 텔레비전이나 영화를 보고, 인터넷에서 게임을 하는 것 등도 모두 '사람들이 무엇을 좋아하고 원하는가?'라는 가장 중요한 정보를 생산자에게 전해 주는 일이 되거든요.

예를 들면, 방송국에서는 각 프로그램마다 시청률을 조사해요. 요즘에는 장면별로 시청률이 조사되어 나올 정도지요.
　만일 여러분이 텔레비전 프로그램을 만드는 사람이라면 시청률을 통해 사람들이 어떤 내용의 프로그램을 좋아하고, 어떤 장면을 좋아하는지를 알 수 있을 거예요. 그것을 바탕으로 사람들이 좋아하는 내용의 프로그램을 만들 수 있겠지요. 즉, 여러분이 텔레비전 프로그램을 보는 것은 그것을 만드는 사람에게 가장 중요한 정보를 제공하는 행동이 되는 셈이에요. 결국 우리는 텔레비전 프로그램을 보는 사람(소비자)인 동시에, 그것을 만드는 데 가장 중요한 정보를 제공하는 사람(일종의 생산자)이 된답니다.

# 5장

## 시장

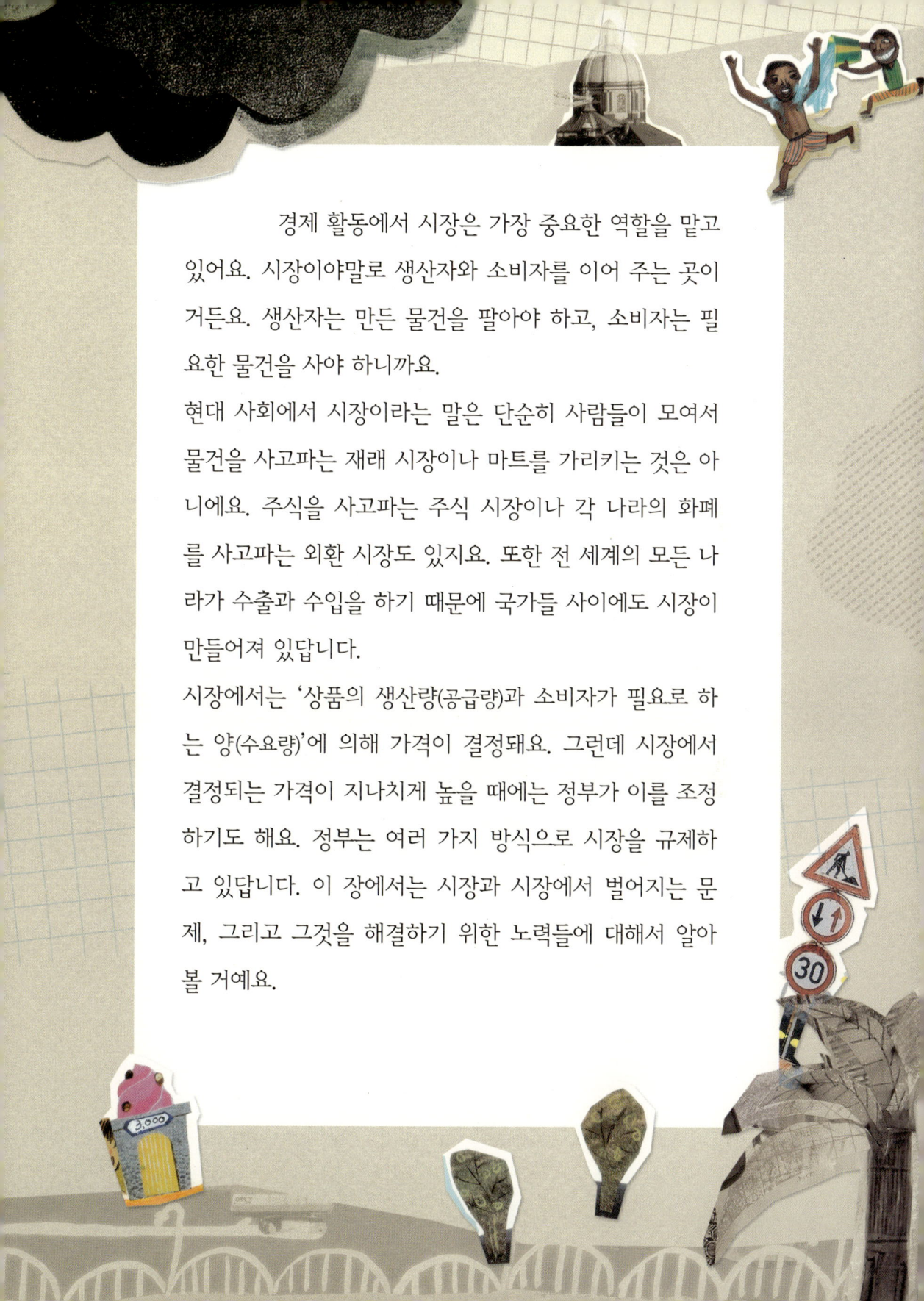

경제 활동에서 시장은 가장 중요한 역할을 맡고 있어요. 시장이야말로 생산자와 소비자를 이어 주는 곳이거든요. 생산자는 만든 물건을 팔아야 하고, 소비자는 필요한 물건을 사야 하니까요.

현대 사회에서 시장이라는 말은 단순히 사람들이 모여서 물건을 사고파는 재래 시장이나 마트를 가리키는 것은 아니에요. 주식을 사고파는 주식 시장이나 각 나라의 화폐를 사고파는 외환 시장도 있지요. 또한 전 세계의 모든 나라가 수출과 수입을 하기 때문에 국가들 사이에도 시장이 만들어져 있답니다.

시장에서는 '상품의 생산량(공급량)과 소비자가 필요로 하는 양(수요량)'에 의해 가격이 결정돼요. 그런데 시장에서 결정되는 가격이 지나치게 높을 때에는 정부가 이를 조정하기도 해요. 정부는 여러 가지 방식으로 시장을 규제하고 있답니다. 이 장에서는 시장과 시장에서 벌어지는 문제, 그리고 그것을 해결하기 위한 노력들에 대해서 알아볼 거예요.

## 수요와 공급의 법칙

19세기 말, 조선이 외국과 교역을 시작하자 서울에는 일본인이나 러시아 인들의 가게가 많이 생겨났다.

이런 가게에 있는 물건들은 조선 사람들이 생전 처음 보는 신기한 것들뿐이었다.

'째깍 째깍' 소리를 내면서 커다란 바늘이 돌아가는 시계라든가, 알록달록한 색깔에 동그란 모양의 사탕도 있었다.

사탕을 처음 보는 아이들은 너도나도 사탕을 사 달라고 졸라 댔다.

"이거 한 봉지에 얼마요?"

사탕을 사 달라고 조르는 아이의 손에 이끌려 나온 한 어른이 상점 주인에게 사탕을 가리키며 물었다.

"한 봉지에 한 냥입니다."

"아니, 뭔데 그렇게 비싸요? 한 냥이면 엿 한 판을 통째로 사겠구먼."

아이의 아버지는 놀라서 입을 쩍 벌렸다.

"엿하고 사탕하고 같나요? 이건 일본에서만 만들 수 있는 겁니다. 게다가 엿보다 훨씬 맛있지요. 한 냥이면 싸게 드리는 거예요."

아이의 아버지는 하는 수 없이 허리춤에서 한 냥을 꺼내어 상점 주인에게 건넸다. 이처럼 가격이 비싼데도 불구하고 사탕은 아이들이 가장 좋아하는 군것질거리가 되었다.

사탕이 큰 인기를 끌자, 조선 상인들도 직접 사탕을 만들어 보려고 나섰다.

'사탕은 일본에서 들여오는 것이기 때문에 비쌀 수밖에 없고, 부잣집 아이들만 먹을 수 있지. 만일 싼 가격으로 사탕을 판다면 큰돈을 벌 수 있을 거야.'

조선 상인들은 드디어 일본 사탕과 비슷한 것을 만들어 판매하기 시작했다. 조선에서 직접 만들었기 때문에 가격도 싸서 한 냥에 다섯 봉지씩 팔았다.

그러자 일본 상인들도 사탕의 가격을 내릴 수밖에 없었다. 예전에는 구하기도 힘들고 비쌌지만, 이제는 어디에서나 쉽게 살 수 있는 물건이 되었기 때문이다.

모든 사람들이 싼 값에 사탕을 먹게 되자, 엿의 가격은 더욱 떨어졌다. 사탕이 비쌀 때에는 가난한 사람들이 사탕 대신 엿을 사 먹었지만, 누구든 싼 값에 사탕을 사 먹을 수 있게 되었기 때문이다.

## 시장에서 물건의 가격은 어떻게 정해질까?

**사탕이 우리나라에 들어온 때**

19세기 후반에 선교사들과 일본과의 무역을 통해 우리나라에도 설탕이 들어왔다. 사탕은 서울 명동 일본인촌의 화과자점에서 팔았는데, 꿀보다 더 단맛에 어른 아이 할 것 없이 맛보고 싶어 했다.

우리나라에 사탕이 처음 들어왔을 때*에는 가격이 엄청나게 비쌌어요. 지금으로선 상상도 할 수 없는 일이지요. '아무 데서나 살 수 있는 사탕이 왜 비쌌을까?'라고 고개를 갸우뚱할 거예요. 그때만 해도 사탕은 아주 귀한 물건이었답니다. 사탕을 사려는 사람은 많은데 물건이 부족하니까 가격이 높아질 수밖에 없었지요.

사려는 사람이 많은데 물건이 모자라면 가격은 올라가고, 물건은 많은데 사려는 사람이 없으면 가격은 떨어지게 되니까요.

　예를 들어, 내게 아주 귀한 왕구슬이 있어요. 왕구슬은 1개뿐인데 사려는 아이들은 10명이라면, 나는 왕구슬의 가격을 높일 수 있지요. 반대로 내게 흔한 유리 구슬이 10개 있는데, 사려는 아이가 단 1명뿐이라면, 구슬의 가격은 떨어지겠지요. 이것은 우리가 이미 알고 있는 상식이에요. 그런데 바로 이것이 가장 중요한 경제 원칙이랍니다.

　경제 원칙 중에는 '수요와 공급의 법칙'이 있어요. 이것은 앞서 예로 든 구슬을 파는 것과 같아요. 우리는 어떤 물건을 사고파는 곳을 '시장'이라고 불러요. 시장에서 팔기 위해서 내놓은 물건의 양을 '공급량'이라고 하고, 사람들이 값을 치르고 살 수 있는 능력이 되는 물건의 양을 '수요량'이라고 하지요. 바로 이 공급량과 수요량이 만나는 곳에서 가격이 결정된답니다.

다시 말해 공급량이 1이라면 수요량도 1이 되는 곳에서 가격이 정해지는 것이지요.

　구슬에 대한 예를 좀 더 자세히 설명해 볼까요? 내가 왕구슬 1개를 팔기 위해서 시장에 내놓았어요. 이때 왕구슬의 공급량은 1개

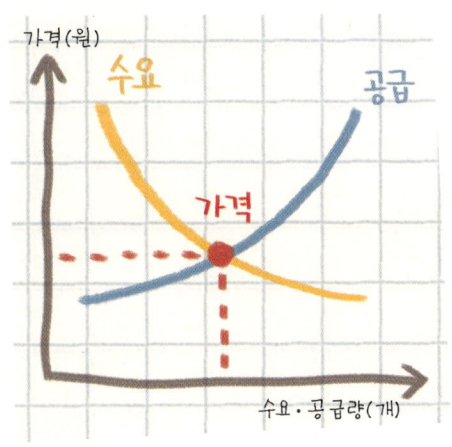

예요. 가격이 100원일 때에는 10명 모두 사겠다고 해요. 하지만, 200원, 300원…… 계속 가격이 올라가서 1,000원이 되자 단 1명만 사겠다고 나서요. 이렇게 공급량 1과 수요량 1이 만나면서, 왕구슬의 가격은 1,000원으로 결정되는 거랍니다.

이처럼 가격은 공장에서 마음대로 정하는 것이 아니에요. 1,000원짜리 아이스크림의 가격은 사람들이 얼마의 가격에 아이스크림을 살 수 있는지 그 '수요량'을 따져서 정해진답니다. 만일 아이스크림 100개를 1,000원씩에 판매했는데, 사람들이 비싸다고 생각해서 50개밖에 사지 않는다면, 즉 수요량이 50개뿐이라면 아이스크림의 가격은 자연히 내려가겠지요.

시장에서 수요량이 공급량보다 많을 때(공급량이 부족하거나 물건이 모자랄 때)에는 물건의 가격이 올라가요. 반대로 공급량이 수요량보다 많을 때(수요량이 부족하거나 물건이 남을 때)에는 가격이 내려가지요. 사탕이 10개밖에 없는데 사람들이 100개를 사려고 한다면 가격은 당연히 올라갈 수밖에 없어요. 반대로 사탕이 100개가 있는데 사람들이 10개밖에 사지 않는다면 가격은 내려가게 될 거고요. 시장은 이러한 '수요와 공급의 법칙'에 의해서 가격이 이루어지는 신기한 곳이랍니다.

지금까지 예로 든 시장은 누구나 자유롭게 시장에 참여할 수 있는 완전 자유 경쟁 시장에서 일어나는 형태예요. 만약 몇몇 기업이 시장을 휘어잡고 독차지하는 상황이 되면 (이를 '독과점'이라고 해요.) 전혀 다른 현상이 일어나기도 해요.

다음 장에서는 이러한 '독과점 시장'이 되면 어떤 일이 일어나는지 알아볼 거예요.

# 계속해서 오르는 아이스크림 값의 비밀

"그나저나 걱정이야. 아이스크림 값이 워낙 싸서 남는 게 별로 없으니."

빌이 처음 마을에 아이스크림 가게를 낼 때만 해도, 아이스크림의 가격은 상당히 비싼 편이었다.

그때에는 아이스크림을 파는 곳이 빌의 가게뿐이었기 때문에 아이스크림 가격을 마음대로 정할 수 있었다.

하지만 마을에 아이스크림 가게가 3개나 더 생기면서 문제가 생겼다.

다른 가게들이 손님들을 끌기 위해서 서로 앞다투어 가격을 내리자, 결국 빌도 아이스크림을 싸게 파는 수밖에 없었다.

"어이 빌. 오늘 장사는 어때?"

하루는 근처에서 아이스크림 가게를 하는 톰이 빌을 찾아왔다.

"팔아도 남는 게 있어야지."

"그래? 하긴 우리도 마찬가지야. 가격이 워낙 싸서 재료 값이나 나올지 모르겠어."

빌의 말에 맞장구를 친 톰은 시무룩한 얼굴로 한숨을 내쉬었다.

"이러다가는 우리 모두 가게 문을 닫게 생겼어. 그래서 생각한 건데 말이야. 아이스크림 가격을 예전처럼 올리면 어떨까?"

"누가 가격을 올리려고 하겠어? 그러면 다른 가게에 손님을 다 빼앗기게 될 텐데."

그러자 톰은 빙긋이 웃으면서 말했다.

"실은 나한테 좋은 방법이 있어. 모든 가게 주인들이 힘을 합치는 거야. 네 군데 가게가 모두 똑같이 한꺼번에 아이스크림 값을 올리는 거야. 어때 내 생각이?"

며칠 뒤, 마을의 아이스크림 가게 주인들이 한자리에 모였다.

"어차피 마을에 아이스크림 가게는 4곳뿐입니다. 아이스크림을 사 먹으려면 이 네 군데 중에 하나를 가야 하죠. 만약 우리가 똑같이 아이스크림 가격을 올린다면, 경쟁하면서 가격을 내릴 때보다 훨씬 많은 이익을 얻을 수 있습니다."

톰의 의견에 나머지 세 가게의 주인들도 찬성했다.

혹시라도 약속을 어기는 사람이 있다면 다른 세 가게가

힘을 합쳐서 벌을 주기로 했다.

  다음 날부터 네 군데 가게에서 똑같이 아이스크림 값을 올리자 손님들은 영문을 몰라 어리둥절했다.

  하지만 가게마다 아이스크림 가격이 모두 똑같았기 때문에 늘 다니던 가게에서 계속 아이스크림을 사 먹을 수밖에 없었다.

## 어떤 물건들은 왜 지나치게 가격이 높을까?

 이미 앞 장에서 설명했듯이, 시장에서 물건의 가격은 '수요와 공급의 법칙'에 의해서 정해져요. 이것을 '적당한 가격'이라는 뜻에서 '적정 가격'이라고 하지요. 그런데 실제로는 적정 가격 이상으로 물건의 값이 정해지기도 해요.
 시장에서 물건을 파는 상인들은 보다 많은 손님을 끌어들이려고 서로 경쟁을 해요. 그런데 가끔 서로 경쟁하는 대신에 모두 똑같은 가격에 팔기로 약속을 하는 경우가 있어요. 그렇게 하는 편이 경쟁하는 것보다 훨씬 이익이 될 수 있기 때문이지요. 비단 시장뿐만이 아니라 물건을 만드는 회사에서도 이런 일이 벌어져요. 특히 과자나 교복, 음료수처럼 몇몇 특정한 회사에서만 만들어지는 물건들인 경우에 이런 일이 일어나기 쉬워요. 이렇게 몇 안 되는 공급자들이 약속을 통해 가격을 올리는 행동을 '담합'이라고 해요.

담합으로 물건 값이 올라가면 결국 그 피해는 고스란히 소비자들이 입게 돼요. 소비자들은 가격이 올라도 그 물건을 살 수밖에 없거든요. 교복이 비싸다고 안 입을 수도 없고, 음료수가 비싸다고 안 마실 수 없으니까요.

이러한 문제를 막기 위해서 정부에서는 '담합 금지법'이라는 것을 만들었어요. 하지만 담합 행위를 막지는 못하고 있는 형편이에요. 어디까지를 담합 행위로 보아야 하는지 그 기준이 애매하기 때문이지요. 게다가 회사들이 '우리는 담합한 적이 없다. 다른 회사가 올려서 우리도 올린 것뿐이다.'라는 식으로 나오면 처벌할 수도 없어요.

담합 행위는 사회 전체로 볼 때, 경제 발전을 가로막는 잘못된 행동이에요. 이런 담합 행위가 일어나지 않게 하려면 시장에 더 많은 공급자가 있어야 해요. 정부도 법을 더욱 강화하고 철저하게 감시하는 역할을 해야겠지요.

# 공공재의 중요성

옛날 어느 나라에 아름다운 바닷가 마을이 있었다. 그런데 마을 안쪽에 있는 초원에 큰 목장이 들어서면서 바닷가에 사는 사람들에게 문제가 생겼다. 항상 그물 가득히 잡히던 고기들이 갑자기 모습을 싹 감춘 것이다.

어부들은 소의 배설물이 냇가로 흘러 들어 바다를 오염시킨 사실을 알아내고, 목장 주인에게 배설물을 처리하는 시설을 만들 것을 요구했다.

하지만 목장에서는 처리 시설을 만들려면 돈이 너무 많이 든다면서 못 들은 척했다. 화가 난 어부들은 마을을 다스리는 영주에게 이 사실을 알렸다. 영주가 어부 대표와 목장 주인을 불렀다.

"내가 알아보니 어부들의 손해가 이만저만이 아니오. 하지만 목장에 당장 큰돈이 드는 배설물 처리 시설을 만들라고 하는 건 무리일 것 같소. 그래서 목장에서 버리는 배설물 1톤 당 10만 원을 걷어서 어부들에게 주는 방법이 좋을 거

"당신은 오늘부터 벌금을 내시오!"

라고 생각하는데, 당신들 생각은 어떠시오?"

어부 대표는 한참을 생각하더니 이렇게 말했다.

"저는 반대입니다. 어차피 배설물이 계속 흘러 들어오면 저희 어부들은 물고기를 영원히 잡을 수 없을 테니까요."

그러자 영주는 어부 대표를 따로 불러서 자신의 생각을 말했다.

"내 생각은 다르오. 1톤 당 10만 원의 벌금을 내게 하면, 목장에서는 계속해서 벌금을 내는 일이 부담스러워질 것이오. 그래서 차라리 비싼 돈을 들여서라도 처리 시설을 만드는 방법을 선택할 것이오. 나는 목장에서 스스로 처리 시설을 만들도록 하기 위해 그런 제안을 한 것이오. 내 뜻을 이해하겠소?"

"까짓것 내고 말지 뭐!"

어부 대표는 그제야 알아들었다는 듯 고개를 끄덕였다.

결국 어부 대표와 목장 주인은 영주의 제안에 따르기로 했다. 그런데 영주의 생각과는 달리 시간이 한참 지나도록 목장에서는 처리 시설을 만들지 않았다.

1톤 당 10만 원의 벌금을 받고 있다고는 하지만 물고기를 못 잡아 생계가 막막한 어부들은 영주를 찾아와 하소연을 했다.

영주는 다시 목장 주인을 불렀다.

"지금까지도 1톤 당 10만 원의 벌금을 내고 있다고 들었소. 그런데 이해가 안 되는구려. 계속해서 벌금을 내는 것보다 배설물 처리 시설을 만드는 것이 낫지 않소?"

영주의 질문에 목장 주인은 이렇게 대답했다.

"아닙니다. 벌금을 내는 것이 저희에겐 이익이죠. 영주님은 처리 시설을 만드는 비용만 생각하시는군요. 처리 시설을 만들게 되면 거기서 일하는 사람의 월급, 배설물 처리하는 데 쓰이는 약품 비용, 기계를 운영하고 유지하는 데 드는 비

용 등이 필요합니다. 그런 것들을 다 따져 본다면 그냥 10만 원씩 벌금을 내는 것이 훨씬 이익이죠."

결국 영주는 나랏돈으로 목장에 처리 시설을 만들어 주고, 배설물을 처리하는 과정에서 드는 돈만 목장에서 책임지도록 했다. 그러자 목장에서는 더 이상 배설물을 냇가에 버리지 않게 되었다.

## 공장이 많아지면 어떤 문제가 생길까?

경제가 발전하게 되면 당연히 물건을 만드는 공장들도 많아지지요. 우리나라의 경우 60년대 초반까지만 해도 농업이 주요 산업이었지만, 경제가 발전하면서 점점 공장들이 늘어났어요. 이처럼 공장들이 많아지면 그만큼 좋은 물건들이 많이 만들어지고, 일자리도 늘어나서 사회 전체가 점점 풍족한 생활을 하게 돼요. 옛날에 비하면 우리나라도 엄청나게 살기 좋아진 셈이지요.

그런데 경제가 발전되어서 좋은 점만 있는 것은 아니에요. 세상의 모든 일에는 동전의 앞뒷면처럼 좋은 점과 나쁜 점이 함께 있거든요. 공장들이 많아지면 여러 가지 공해 물질이 생겨나지요. 예전에는 흐르는 시냇물을 그냥 마시기도 했어요. 지금은 상상이 안 되는 일이죠. 공기도 지금보다 훨씬 맑았고, 동물들의 수도 훨씬 다양했답니다. 그런데 많은 공장에서 나오는 매연과 폐수 때문에 깨끗한 자연이 엄청나게 파괴되었어요.

　이처럼 자연 파괴가 심각한 지경에 이르자, 사람들은 자연을 보호하기 위해 나섰어요. 세계의 여러 나라가 모여서 가장 시급한 문제를 해결하려고 하나의 약속을 하지요. 무엇보다도 지구가 더 이상 뜨거워지는 것을 막기 위해 이산화탄소를 줄이기로 했답니다.

이산화탄소는 주로 공장에서 나오는 매연 때문에 생겨요. 그래서 공장에는 반드시 오염 처리 시설을 만들기로 약속했어요. 그런데 모든 공장에 강제로 오염 처리 시설을 만들게 할 수는 없답니다. 결국 공장에서 스스로 처리 시설을 만들 수밖에 없는 방법을 쓰게 되지요.

### 공공재란?

우리의 생활을 편리하게 해 주는 것들에는 어떤 것이 있을까요? 만약 도로나 전기, 상하수도 같은 시설이 없다면 생활하는 데 큰 불편을 겪을 거예요. 그런데 도로나 전기, 상하수도 같은 시설을 만들려면 엄청나게 많은 돈이 들기 때문에 어느 한 사람이나 기업이 하기에는 어려운 일이에요. 또 한 개인이 만들게 된다면 다른 사람들은 아무런 노력 없이 이익을 누리게 되기 때문에 바람직하지도 않고요. 이렇게 사람들의 생활에 꼭 필요하지만 한 개인이 만들 수 없는 것은 정부가 만들어 준답니다. 이런 물건들을 바로 '공공재'라고 해요. 정부가 하는 가장 중요한 일 중의 하나가 '공공재'를 국민들에게 제공하는 거예요.

그러면 대표적인 공공재에는 무엇이 있을까요? 우선 '국방'이 있어요. 나라를 지키는 군대를 유지하는 것은 개인이 할 수 없는 일이지요. '교육'도 마찬가지랍니다. 반도체 회사가 우수한 연구 인력이 필요하다고 해서 사람들을 초등학교에서부터 고등학교까지 교육시킬 수는 없으니까요. '빈민 구제'의 경우도 정부가 해야 하는 일이에요.

　이렇듯 우리 사회에는 미처 생각지 못한 많은 공공재가 있어요. 밤길을 안전하게 걸을 수 있도록 거리를 비춰 주는 가로등에서부터 도로, 국방, 교육, 빈민 구제 등 무수히 많은 것들이 정부에서 만들어 주는 것들이에요.

## 물을 소유하다

라비는 인도네시아의 한 섬에 살고 있다.
마을의 또래 아이들처럼 라비도 학교가 끝나면 항상 물통을 들고 마을 중앙에 있는 우물로 달려간다. 식구들이 하루 동안 쓸 물을 길어 와야 하기 때문이다.
그런데 얼마 전부터 한 외국 회사에서 수도를 놓아 준다는 소문이 나돌았다.

마을 사람들은 집집마다 수도가 들어오면 더 이상 힘들게 물을 길으러 가지 않아도 된다면서 몹시 기뻐했다.

며칠 뒤 마을에 대대적인 상수도 공사가 벌어졌다. 외국 회사에서는 집집마다 수도관을 놓은 다음 필요 없게 된 마을의 우물을 메워 버렸다.

"이제부터 이 수도관으로 깨끗한 물이 들어올 겁니다. 그러니 이제 우물물은 사용하지 않아도 됩니다."

마을 사람들은 수돗물이 나오는 걸 보고 기뻐서 어쩔 줄 몰랐다.

그런데 '물을 사용하려면 돈을 내야 한다.'는 말이 전해지면서 마을 사람들은 당황하기 시작했다. 이미 우물까지 없애 버렸기 때문에 마을 사람들은 하는 수 없이 돈을 내고 물을 써야만 했다.

몇 달이 지나자 회사에서는 수도관을 놓는 비용이 너무 많이 들었다면서 물값을 두 배로 올렸다.

라비의 집은 돈을 내지 못해 수돗물이 끊겼다. 이웃들도 사정은 마찬가지였다. 마을의 절반 이상이 비싼 물값을 못 냈고, 그런 집에는 어김없이 수돗물이 나오지 않았다. 물이 없으니 사람들은 씻지도 못하고 밥을 해 먹을 수도 없었다.

결국 라비를 비롯한 많은 사람들이 산비탈에 있는 개울물을 길어 와야 했다. 마을에서 한참 떨어진 곳에 있는 개울의 물은 깨끗하지도 않았다. 사람들은 예전의 맑고 시원했던 우물물 생각이 간절했다. 그래서 몇몇 사람이 모여 우물을 파자 수도 회사에서 일하는 사람들이 나타났다.

"물의 공급을 우리 회사가 책임지는 조건으로 우물을 전부 없애기로 했습니다. 이건 정부의 명령입니다."

그들은 막무가내로 힘들게 판 우물을 다시 흙으로 메워 버렸다. 아무리 집 안에까지 수도관이 들어온들 돈이 없는 사람들에겐 그림의 떡이나 다름없었다.

## 공공재를 민간 기업이 맡게 되면 어떤 일이 생길까?

**우리나라에
수돗물이 공급된
시기**

우리나라는 1908년에 처음 수돗물이 공급되었는데, 고종의 부탁으로 미국인 헨리 콜브란과 해리 보스트윅이 맡아 '대한수도회사'가 공사했다. 수돗물이 공급되기 이전에는 물장수들이 물지게를 지고 물을 배달하거나 팔러 다녔다.

물은 인간이 살아가는 데 가장 필요한 것 중의 하나예요. 그래서 세계 대부분의 나라들은 정부가 직접 국민들에게 깨끗한 물을 공급하는 일을 맡고 있어요. 우리나라에서도 정부에서 직접 운영하는 회사가 물을 공급*하지요. '한국 수자원 공사'가 바로 이러한 일을 하는 곳이에요. 그런데 1996년 인도네시아에서는 정부가 아닌 일반 회사가 국민들에게 물을 공급하게 되었어요. 인도네시아는 섬나라의 특성 때문에 전체 인구의 70퍼센트가 우물물을 식수로 사용하고 있었답니다. 물을 공급하는 일을 맡은 회사는 전국의 모든 우물을 없애고 수도관을 건설했어요. 그 뒤, 사람들은 비싼 가격에 물을 사야 했고, 돈이 없는 사람들은 흙탕물을 마셔야 하는 처지가 되고 말았지요.

이것은 국민 모두에게 기본적으로 필요한 것을 정부가 아닌 민간 기업이 맡아서 할 경우 어떤 일이 벌어지는지를 잘 보여 주고 있어요. 정부와 달리 민간 기업은 이익을 만들어 내는 것이 무엇보다 중요해요. 따라서 물과 같은 '공공재'를 민간 기업에서 관리하게 되면 '국민의 편리한 생활'보다는 '기업의 이익'을 앞세우게 되지요. 이익을 얻기 위해서 민간 기업은 계속해서 가격을 올리게 되고, 결국에는 돈 없는 사람들은 물도 마음대로 쓸 수 없게 된답니다. 사람들이 많이 살지 않는 산골 마을이나 섬 같은 곳에는 이익이 적기 때문에 신경조차 쓰지 않을 게 뻔하고요.

언제부터인가 우리는 수돗물 대신 생수를 사서 마시고 있다.
인간이 살아가는 데 꼭 필요한 물을 우리는 왜 돈을 내고 먹게 되었을까?

## 정부가 만든 회사는 왜 이익을 적게 낼까?

우리는 이러한 공공재를 제공하기 위해 정부가 운영하는 회사들이 이익을 많이 내지 못한다고 비난을 해요. 물론 이익을 내지 못하는 것은 잘못이지요. 하지만 공공재를 만들어 내는 회사를 일반 회사와 비교해서는 안 돼요. 사람들이 많이 사는 도시에 물을 공급하는 것은 이익을 낼 수 있어요. 하지만 섬이나 산골 마을에 물을 공급하기 위해서는 손해를 볼 수밖에 없답니다. 깊은 산골이나 섬에 수도관을 묻는 것은 쉬운 일이 아니니까요.

국민 모두가 인간답게 살 권리를 위해 정부는 손해를 보더라도 꼭 해야 하는 일이 있어요. 대부분의 공공재가 바로 그런 것들이에요. 비록 정부가 운영하는 회사들이 이익을 많이 내지 못하더라도 공공재를 통해 국민들의 생활이 얼마나 편해졌는지가 더 중요하기 때문이지요.

만약 정부가 운영하는 회사가 무능하다고 하여 민간 기업에 그 일을 맡기는 것은 심각한 문제를 일으킬 수 있어요. 현재 세계 국가 경쟁력 1위인 핀란드는 대부분의 기업을 정부가 운영하고 있어요. 문제는 어떻게 운영하는가의 방법에 달려 있지 않을까요?